만화로 보는
한국근현대사

혁명과 박헌영과 나 2부 ❷
해방 후 3년간 박헌영의 활동과 그 역사적 배경

무너진 하늘

이 책은 이정 박헌영의 기록을 통해 일제강점기부터 해방까지 독립운동가들의 치열했던 삶을 그리고 있다.

나는 이 자리에 오기 훨씬 전부터 살아서 나갈 수 없는 신세임을 느끼고 있었다. 이 재판은 말 그대로 요식일 뿐, 어떠한 최후 진술도 너희들의 각본을 뒤집을 수 없다는 사실을 잘 알고 있다. 그렇다면 결론부터 말하겠다. 너희들의 주장대로 나는 미제의 간첩이었다. 그러나 너희들이 주장하는 미제 간첩과 내가 주장하는 미제 간첩은 엄격히 다르다. 나는 남조선에 있을 때, 아니 그 훨씬 전부터 미국 사람들과 교분이 있었다. 그 교분은 조국의 해방과 통일된 조국 건설을 위한 차원이지 결코 간첩행위가 아니다. 남조선에서 나는 미군정 고위장성들을 만나 내가 통일조국의 최고 책임자가 되면 미국과도 국가 정책을 협의할 수 있다고 분명히 밝혔다. 내가 약속한 그 협의는 현재 소련과 미국의 두 지도자가 서로 얼굴을 맞대고 국제문제를 협의하고 있는 것과 같은 맥락이다.

- 1955년 12월 재판, 박헌영 최후진술 중에서

혁명과 박현영과 나
해방 후 3년간 박헌영의 활동과 그 역사적 배경

무너진 하늘

2부 **2** 차가운 대립과 증오의 시대
박헌영

이정기념사업회

피 끓는 젊은이들의 기록

　일본 총리가 야스쿠니 신사 참배를 하면 우리나라뿐만 아니라 중국 미국을 비롯하여 아시아 각국의 톱 뉴스거리가 된다. 일본 총리가 자국의 신사를 참배하는 것과 우리나라 대통령이 국립묘지를 참배하는 것이 뭐 그리 큰 차이가 있을까? 태평양 전쟁을 일으킨 일본 전범들의 위패가 있는 야스쿠니 신사를 참배한다는 것은 일본 제국주의의 침탈로 엄청난 희생을 치러야 했던 상처를 들쑤시는 일임을 요즘의 젊은이들은 알아야 한다. 독도를 지키는 일의 중요함을 알리려면 우리나라가 일본에 강점당했던 시기의 역사를 뼈아프게 되새겨봐야 한다. 20세기의 역사를 모르고 21세기를 열 수는 없기 때문이다.

　20세기의 세계는 인류 역사상 가장 큰 격동의 100년이었다. 두 번의 세계 대전을 겪었고 자본주의와 공산주의 체제로 나뉘어 살얼음판을 걸으며 이데올로기 전쟁이라 불리는 냉전의 시기를 거쳤다. 그 치열한 두 번의 세계대전과 냉전의 소용돌이 속에서 우리나라는 빠져 나오지 못하고 있었다.

　그 역사의 중심에서 치열하게 살았던 사람들 가운데 박헌영이 있다. 그러나 남에서도 북에서도 그는 버림받은 사람이다. 우리는 그의 생애를 통해 우리나라 현대사가 어떻게 일그러지게 되었는지, 왜 우리의 삶이 아직도 이데올로기의 벽에 갇혀 있는지 알 수 있다.

　우리 민족의 가장 치욕스러운 역사인 일제강점기를 피 끓는 젊은이로 살았던 사람들, 그래서 선각자 소리를 들었던 사람들, 그러나 그들의 나이는 고작 십대, 이십대였다. 그런 그들이 일제 강점기의 역사를 어깨에 짊어지고 그 어두운 시대의 등불을 밝혔다. 『꽃다발도 무덤도 없는 비운의 독립운동가—만화 박헌영』은 박헌영을 중심으로 그들의 이야기를 풀어 나간다.

　전국 각지에서 잘나고 똑똑한 젊은이들이 경성으로 모여들어 3·1운동을 주도하고, 일부는 국내에서, 일부는 해외로 나가 조국 독립과 일본 제국주의의 축출을 위한 독립운동에 매진했다. 그때 식민지 청년들은 러시아혁명의 성공으로 탄생한 소비에트 정권에 커다란 충격을 받고, 식민지 해방을 지원해주는 소비에트 연방과 식민지를 소유하고 있는 제국주의 국가의 자유민주주의 이념 가운데 어느 쪽을 선택할 것인가 하는 문제로 치열한 논쟁을 벌였다. 게다가 식민지 해방을 위해 무장투쟁을 할 것인가, 제국주의 열강들에게 평화적인 외교로 그 부당성을 호소할 것인가 하는 투쟁 방법을 두고도 갈등을 겪어야 했다. 어느 쪽이 옳았다고 말할 수는 없다. 역사는 그 답을 말해주지 않는다. 하지만 분명한 것은 모든 독립운동가들의 삶은 기록되어야 하고, 그들의 삶은 역사적 사실로 남아야 한다는 것이다. 역사는 사실의 기록이기 때문이다.

박헌영의 독립운동 자료를 발간하기 위해 역사학도들이 국립중앙도서관, 국회도서관, 미국문서기록보존소, 러시아문서기록보존소에서 11년간 자료를 찾아 모은 노력의 결실로 2004년 권당 600~700쪽에 달하는 전집 9권을 출간했으며, 이를 통해 일제 강점기에 피 끓는 젊음을 불살랐던 박헌영의 삶에 일반 대중이 접근할 수 있는 길을 찾아 보았다. 그리고 남녀노소가 쉽게 근현대사를 이해할 수 있게 하려고 만든 만화 『꽃다발도 무덤도 없는 비운의 독립운동가—만화 박헌영』을 10여 년에 걸친 수정과 보완 과정을 통해 전6권에 담아 2014년 개정판으로 출간했다. 그 후 다시 4년의 고된 작업 끝에 해방 후 3년간 박헌영의 활동과 그 역사적 배경을 다룬 『혁명과 박헌영과 나—무너진 하늘』이라는 3권의 후속편을 펴냄으로써 길고 길었던 대장정을 끝마치게 되었다.

산 자의 그리움이 족쇄가 되어 시작한 일은 전집 작업 11년, 만화 작업 14년, 도합 25년의 사반세기 세월을 보내고서야 온전한 박헌영의 기록으로 남게 되었다. 책을 읽지 않는 세태에 근현대사에 쉽게 접근할 수 있는 역사 기록으로 이 만화책이 쓰임이 있기를 바랄 뿐이다.

원경 대종사(조계종 원로의원)

이 책이 나오기까지

남에서는 월북한 남로당의 괴수, 북에서는 미제의 간첩으로 1956년 김일성에 의해 처형당한 박헌영!

1980년대의 끄트머리를 보낸 나에게는 일제강점기의 항일운동가이며 혁명가인 박헌영에 대한 개인사는 의문투성이였고, 쉽사리 알 수 없는 인물이었다.

그러던 중 1994년 『역사비평』 여름호에 소련의 여류학자 사브리나 쿨리코바 여사가 쓴 「소련의 여류 역사학자가 만난 박헌영」과 1997년 『역사비평』 여름호에 실린 「혁명과 박헌영과 나」라는 글을 보게 되면서 언젠가 때가 되면 인물 근현대사로 박헌영을 그려보겠다는 소망을 갖게 되었다.

막연히 품었던 소망은 2004년 역사학자들의 11년간에 걸친 노력으로 역사문제연구소가 발행한 『박헌영 자료전집』(전 9권)의 심포지엄 및 출판기념회와 임경석 교수의 『이정 박헌영 일대기』를 접하면서 구체화되었다. 박헌영의 생애를 만화로 그리겠다는 작은 소망은 이 자료들을 바탕으로 시작할 수 있게 되었다.

처음 생각했던 분량은 200페이지 5권 정도였다. 하지만 작업을 하다 보니 욕심이 생겼다. 그 분량으로는 박헌영과 경성콤그룹 핵심 인물들만 담기에도 벅찼기 때문이다. 또 당시의 시대 상황을 모르고서는 박헌영을 제대로 이해하기 어렵다는 생각에 역사적 배경을 설명해야 할 필요성도 절감했다.

그리고 만화를 그리는 동안 안재성 선생님의 『박헌영』, 『이현상 평전』 등과 같은 새로운 역사들이 발굴되었다. 사전조사를 하면서 알게 된 박헌영의 누나 조봉

희와 그 아들 한산스님의 이야기는 만화 원고 분량을 대폭 늘리는 계기가 되었다.

암울했던 격동의 시대에 조국과 민족을 위해 바람처럼 왔다가 구름처럼 흩어져 간 비운의 독립운동가들의 삶을 가능한 한 많이 기록해보자는 욕심이 과해 생각보다 많은 시간을 잡아먹었다.

작업 기간만 10여 년의 시간을 훌쩍 넘기면서 내 능력의 한계를 절감했다. 이 기간은 내 안의 모든 에너지를 쥐어짜내는 고난의 시간이었지만, 내 능력에 새롭게 도전하고 고뇌하는 시간이기도 했다. 어쩌면 『꽃다발도 무덤도 없는 비운의 독립운동가—만화 박헌영』은 나 자신의 성찰 기록인지도 모른다.

만화를 그리면서 역사에 누를 끼치는 일이 없도록 픽션을 최대한 자제하고 사료와 여러 인물들의 진술에 입각한 사실적인 이야기를 그리려 노력했으며, 극적인 구성들은 합리적인 수준에서만 그리려 최선을 다했다.

『꽃다발도 무덤도 없는 비운의 독립운동가—만화 박헌영』은 해방 이전까지의 내용을 6권에 담았다. 이제 4년여의 시간을 들여 해방 후 3년간 박헌영의 활동과 그 역사적 배경이 되는 『혁명과 박헌영과 나—무너진 하늘』(전 3권) 작업을 끝내게 되었다.

이로써 14년에 걸친 박헌영에 대한 기록을 마치게 되었다. 이 책이 근현대사를 그리는 역사만화의 시작이 되기를 바랄 뿐이다.

만화가 유병윤

2부 2권 등장인물

김 구 동학 접주 출신으로 임시정부 초대 경무국장을 지내고 내무총장, 국무총리 대리를 거쳐 국무령이 되었다. 충칭에서 임시정부의 주석이 되어 해방을 맞았다. 김규식과 함께 남북협상을 위해 평양을 방문했으나 민족통일정부 수립에 실패하고 남북한의 단독정부가 각각 수립된 뒤 민족통일운동을 전개하다가 암살당했다.

김삼룡 해방 후 박헌영의 조선공산당 재건파로 활동하다가 남로당 조직부장이 되었으나 경찰에 체포되어 사형선고를 받고 한국전쟁이 발발하자 사형되었다.

김일성 본명은 김성주로 중국공산당에 소속된 항일유격부대와 연합하여 동북항일연군의 지휘간부로 활동하다가 해방 후 북한의 조선공산당 북조선분국의 책임비서로 선출된 후 북한 단독정부의 내각수상이 되었다.

레베데프 소련군 장성으로, 해방 당시 북한에 진주한 소련 제25군 군사위원회 위원으로 평양의 소련군정에서 김일성 정권 수립을 도우며 핵심적 역할을 했다.

로마넨코 1945년 해방 후 평양 주재 소련군정의 민정사령관을 지냈다. 로마넨코 아래에 정치행정부, 산업부, 재정부, 상업조달부, 농림부, 보건부, 사법검찰부, 경찰통제지도부 등의 행정조직이 있었다. 로마넨코의 민정담당기구는 1947년 5월 이후 소련국방상의 명령에 따라 주북한 소련민정청으로

개편되었다.

루스벨트 미국 32대 대통령으로 미국 대통령 중 유일하게 네 번이나 대통령에 당선되어 12년 동안 재임했다. 뉴딜정책으로 대공황을 극복하고 제2차 세계대전이 일어났을 때 연합군에 동참하여 승리를 이끌었다.

맥아더 제2차 세계대전 때 태평양관구 사령관으로 미 육군 원수계급에 올랐다. 일본의 항복 이후 일본에 주둔하다가 한국전쟁이 발발하자 인민군이 대구까지 밀고 내려왔으나 인천상륙작전을 성공시켜 전세를 뒤집었다.

박병삼 박헌영의 아들. 박헌영과 둘째부인 정순년 사이에서 태어났다. 고아가 되어 배를 곯다가 사촌형이자 박헌영의 동지인 한산스님을 만나 지리산 빨치산들과 생활하기도 했으며, 출가한 법호 원경의 세속명이다.

박지영 박헌영의 이복형. 계모 이학규를 돌보았고, 배다른 동생 박헌영의 고된 혁명적 삶을 지지하는 든든한 버팀목이 되었다.

베리야 스탈린 시대의 소련 관료로, 비밀경찰인 엔카베데(NKVD)의 수장이었다.

샤브신 소비에트연방의 군인이자 외교관으로, 해방 전후 시기에 서울의 소련 영사관 부영사로 근무하며 국내 공산주의자들에게 많은 도움을 주었다.

소산(김정진) 조봉희의 딸. 박헌영의 조언으로 미국으로 유학을 갔다. 경성 최

대의 요정인 대원각의 주인이 되었으며, 박헌영의 혁명자금을 지원했다.

- **송진우** 독립운동가로 동아일보 사장을 지냈으며, 해방 후 우익세력을 규합하여 한국민주당을 결성하고 수석총무가 되었다. 임정을 지지했으나 미군정의 한국인 고문이 되면서 김구보다는 이승만과 가까워졌다.

- **스탈린** 레닌 사후 소비에트연방의 서기장이 된 최고 권력자였다. 제2차 세계대전이 일어나자 미국과 함께 독일과의 전쟁에서 연합국의 승리를 이끌었다. 해방 후 조선공산당의 정책노선에 지대한 영향을 끼쳤다.

- **여운형** 상해임시정부 의정원 의원을 지낸 독립운동가로, 해방 후 조선건국준비위원회를 조직하고 그 위원장이 되었다. 김규식 등과 함께 좌우합작운동을 전개하다가 1947년 저격을 당해 사망했다.

- **이관술** 일제강점기에 경성반제동맹을 이끌고 조선공산당재건운동을 한 사회주의운동가로, 해방 이후 조선공산당의 재정부장으로 활동했다. 조선정판사 위폐사건으로 미군정 경찰에 검거되어 무기징역형을 선고받고 수감되었으나 한국전쟁 발발 직후 처형당했다.

- **이승만** 상해임시정부의 임시 대통령이었으나 임시정부 의정원에 의해 탄핵되었다. 해방 후 귀국하여 우파의 주요 정치인으로 활동하다가 대한민국 정부 수립 후 초대 대통령이 되었다.

이주하 　원산총파업에 참여했으며, 김삼룡과 함께 남로당을 지도했다. 경찰에 체포된 뒤 북에 억류되어 있던 조만식과의 교환 제의가 있었으나 한국전쟁이 발발하자 즉결처형되었다.

장순명 　1932년 조선공산당 재건 함경북도준비위원회 사건으로 검거된 사회주의 운동가로 박헌영 계열이다. 해방 이후 북한의 최고인민회의 대의원과 노동당 중앙검열위원장을 지냈다.

정태식 　박헌영과 함께 경성콤그룹을 조직하고 해방 후 조선공산당 기관지인 『해방일보』 주필 겸 전국인민위원회 중앙위원으로 활동했으며, 남로당 제3인자로 활약했다.

조만식 　독립운동가로 일제강점기에 교육자·종교인·언론인으로 활동하며 물산장려운동과 민립대학 설립운동을 주도했고, 오산학교 교장을 지냈다. 해방 후 평양의 건준위원장이었으나 고려호텔에 연금되었다가 한국전쟁 당시 살해되었다.

하 지 　미 육군 제24군단장으로 해방 후 미군정 사령관을 겸직했다.

1945년 9월에서 12월 말까지의 **박헌영**

1945년 9월 8일(46세) 서울 계동에서 열린 장안파 조선공산당 열성자대회에 참석했다. 박헌영은 재건준비위원회 대표 자격으로 「당통일과 중앙 건설에 대한 보고」를 발표했다. 박헌영은 투쟁 경력을 가진 노동자·빈농 출신의 전투적인 당원들 가운데 마르크스·레닌·스탈린주의 이론으로 무장된 사람들이 당 지도부를 맡아야 한다고 역설했다.

1945년 9월 11일 조선공산당을 재건했다. 박헌영은 중앙위원으로 '총비서' 직을 가진 조선공산당의 1인자가 되었다. 서열 2위는 중앙위원이 된 김일성이었다.

1945년 9월 20일 조선공산당 중앙위원회는 '8월 테제'를 토대로 「정치노선에 대한 결정, 현 정세와 우리의 임무」를 채택했다. 박헌영은 '8월 테제'에서 조선공산당의 전략·전술론을 제시하고 해방 직후 각종 정책의 이론적 뒷받침을 제공했다.

1945년 10월 초 노동조합운동 지도자 7인과 회견했다. 박헌영은 이날 회견에서 박헌영은 노동조합의 연합조직인 노동조합전국평의회를 창설할 것을 당부했다.

1945년 10월 6일 조선공산당 북조선분국 설립 문제를 협의하기 위해 남하한 주영하(朱寧河)·장순명(張順明)과 회견했다. 박헌영은 조선공산당의 분열을 막기 위해 김일성과 만나기로 했다.

1945년 10월 8일 조선공산당 남북요인회의에 참석했다. 박헌영은 개성 근처 소련군 38경비사령부 회의장에서 열린 이 회동에서 일국일당 원칙을 강하게 주장했다.

1945년 10월 10일 해방 후 처음으로 조선공산당의 정견을 언론에 공개하는 중요한 기자회견을 열었다. 박헌영은 조선의 전 민족을 대표하는 강력한 민족적 통일정권을 조직해야 한다는 원칙을 제시했다. 박헌영은 모든 지주의 토지를 몰수하여 국유화하고, 국유지 사용권을 농민에게 분배한다는 토지개혁정책을 발표했다.

1945년 10월 27일 미 제24군 사령관 하지 중장과 만나 회견했다. 박헌영은 친일파와 민족반역자들을 배제한 상태에서 진보적인 민주주의 통일민족국가를 건설하려는 조선공산당의 정치노선이 미국의 이해와 일치한다고 주장했다.

1945년 10월 29일 이승만과 회담했다. 박헌영은 당장 친일파를 숙청하고 민족통일전선에서 이들을 배제해야 한다고 주장했다. 이승만은 각 정치세력의 무원칙한 통일과 친일파의 숙청도 독립국가 수립 이후로 미루자고 주장하면서 친일파 배제에 동의를 표했다.

1945년 10월 30일 오전 10시 안국동에서 문화단체 및 언론인 100여 명과 회합했다. 박헌영은 조선공산당 중앙위원회 대표 명의의 「조선민족통일전선 결성에 대해」에서 친일파를 청산한 바탕 위에서 민족통일전선이 이뤄져야 함을 강조했다.

1945년 11월 1일 조선공산당 총비서 자격으로 조공 북조선분국 설립을 승인하는 지시문을 북조선 각 도당부에 하달했다. 1945년 10월 13일 조선공산당 북조선분국이 평양에서 설립되었다.

1945년 11월 2일 경운동 천도교당에서 열린 조선독립촉성중앙협의회 제2차 회의에 조선공산당 대표 자격으로 참석했다. 박헌영은 이승만이 제기한 「연합국에 보내는 결의문」 초안에 대해 "조선의 분단은 우리들이 스스로 취한 것이 아니요, 열국이 강행한 것임을 이에 선명(宣明)하지 않을 수 없다"는 문구를 삽입하자는 의견을 내고, "친일파를 철저히 배격함으로써만 민족통일이 완성된다는 원칙을 채택하지 않으면, 공산당을 탈퇴하겠다"고 주장했다.

1945년 11월 5일 「연합국에 보내는 결의문」 수정위원 모임에 참석했다. 박헌영은 결의문 수정을 합의한 수정위원들로부터 결의문 수정 권한을 위임받았다.

합법시기 조선공산당당사_소공동74번지

1945년 11월 5일 조선노동조합전국평의회 결성대회에 조선공산당 대표 명의로 「단결력으로 싸우자」는 축사를 보냈다. 이 대회에서 박헌영은 '조선무산계급의 수령이자 애국자'로 칭송받았다.

1945년 11월 5일 조선공산당 당면정치대책협의회 명의로 「반대파에 대한 성명서」를 발표했다. 반대파는 서울로 되돌아온 뒤 한국민주당과 제휴하여 중경임시정부 봉대론을 내세웠다. 박헌영은 이들이 '극좌'에서 '극우'로 표변했다고 비판했다.

1945년 11월 13일 미군정 당국의 요청으로 아놀드 군정 장관과 회견했다. 박헌영은 조선공산당이 미군정청에 반대하고 있다고 항의하는 아놀드에게 군정청에 반대하는 것이 아니라 군정청기관이 친일파나 민족반역자들을 끌어들이는 등의 잘못을 지적하는 것뿐이라고 해명했다.

1945년 11월 15일 미군 사령관 하지 중장과 두 번째 회담을 했다. 박헌영은 미군정이 연합국의 결정에 따라 한국민의 이익을 위해 기능하고 있으므로 조선공산당도 군정청에 협력하지만, 한국의 현실을 제대로 이해하지 못하여 친일파나 민족반역자들을 등용하는 비정상적인 상태를 무조건 지지할 수는 없다고 말했다.

1945년 11월 16일 이승만과 두 번째 회담을 했다. 박헌영은 이승만이 인민공화국 주석 취임을 거절하고 상해임시정부 지지를 표명한 데 대해 항의했다.

1945년 11월 20일 『뉴욕타임스』 존스톤 기자와 단독 기자회견을 했다. 존스톤 기자의 중경임시정부에 대한 조선공산당의 입장에 대한 질문에, 임시정부가 오랫동안 활동해왔음에도 불구하고 실제로는 한국 민중과 아무런 연관도 갖지 못하고 있기 때문에 그를 정부로 인정할 수 없다고 대답했다.

1945년 11월 23일 조선공산당 당사에 첫 출근했다.

1945년 11월 26일 박헌영은 조선공산당으로 배달된 '민족반역자 숙청결사대'라는 명의의 협박 편지를 받았다. 미군 제7사단 CIC 파견대가 입수한 정보에 따르면 이 협박편지는 양근환(梁槿煥)이 우두머리로 있는 혁신정탐사(革新偵探社)에서 보낸 것이라고 한다.

1945년 11월 28일 공산당 본부 건물에서 내외신 기자회견을 했다. 박헌영은 가장

진보적 민주주의 원칙의 건국이념, 친일파와 민족반역자를 제외한 민족통일전선에 의한 정부 수립을 주장했다.

1945년 11월 28일 조선공산당 중앙위원회 대표 명의로 「이영 동지를 중심한 장안계 콤그룹 해체·입당 성명에 대하여」라는 환영 성명을 발표했다.

1945년 11월 30일 서울 중앙방송국을 통해 조선공산당 대표 명의의 정견을 발표했다. 박헌영은 「진보적 민주주의 깃발 밑으로」라는 제목의 정견발표문을 조선공산당 대변인 정태식에게 대독시켰다.

1945년 11월 말경 북한에 입국한 독립동맹이 김명시 등을 선발대로서 서울에 파견했는데, 이들이 남한에 뿌리 내린 것은 이듬해 1월 초였다. 1946년 1월 27일 부주석 한빈 등이 경성특별위원회를 결성했고, 2월 16일 남한의 백남운 등과 함께 조선신민당을 결성했다.

1945년 12월 2일 잡지 『백민』에 조선공산당 대표 명의로 「민족통일정부를!」이라는 글을 기고했다.

1945년 12월 5일 박헌영은 독립촉성중앙협의회의 메시지 수정작성 권한을 위임받고 메시지 초안을 이승만에게 보냈으나 이승만이 이미 원안대로 연합국에 보낸 뒤였다. 박헌영은 합의 없이 이승만이 메시지를 보냄으로써 조선공산당의 이름으로 수정된 「메시지」를 연합국에 전송하고 이를 국내에서 발표했다.

1945년 12월 11일 미군정 장관 아놀드와 회견했다. 박헌영은 친일분자를 제외한 모든 정치세력의 통일전선을 성취하기 위해 노력하고 있으나, 우익의 반대로 인해 그것이 결성되지 못하고 있다고 주장했다.

1945년 12월 11~13일 3일간 계속된 조선청년총동맹 결성대회에서 미켈슨(미국인), 여운형, 김일성, 무정, 김원봉 등과 더불어 명예의장으로 추대되었다.

1945년 12월 19일 기자회견을 통해 독립동맹 환영 담화를 발표했다.

1945년 12월 23일 박헌영은 12월 20일 이승만이 발표한 성명서 「공산당에 대한 나의 입장」에 대해 조선공산당 중앙위원회 대표 명의로 반박 성명서를 발표했다.

박헌영은 이 성명에서 조선공산당은 이승만을 '민족반역자 및 친일파 세력의 수령'이며, 이승만이 주도하는 독립촉성중앙협의회를 반동단체라고 규정했다.

1945년 12월 25일 정책 협의를 위해 평양으로 출발했다. 박헌영은 모스크바 3상회의 신탁통치 결정에 대한 『동아일보』의 오보가 반탁운동을 불러일으키는 혼란 속에서 이를 해결하기 위해 평양으로 떠났다.

1945년 12월 29일 평양에서 조선공산당 북조선분국 간부들과 회견했다. 박헌영은 거센 반탁운동으로 혼란한 서울의 상황을 설명했다. 김일성은 북조선분국, 2, 3차 확대집행위원회 개최 상황, 조선민주당 창당 등 이북의 정세를 설명했다.

1945년 12월 30일 평양에서 정계 지도자들과 회견했다. 박헌영은 도착한 지 얼마 되지 않은 연안파 사람들을 만나고 소련군정사령부의 관계자와 상견례를 가졌다. 박헌영은 당시 고려호텔에 연금되어 있던 조만식도 만났다. 박헌영은 오후에 김일성과 함께 공산당 간부협의회에 참석하여 분국 지도자들에게 서울 중앙이 왜 반탁조치를 내렸는지에 대해 설명했다.

1945년 12월 31일 평양에서 소련군 민정사령관 로마넨코와 회견했다. 박헌영은 모스크바를 방문하고 돌아온 민정사령관 로마넨코에게서 신탁통치에 대한 소련의 입장을 들었다. 로마넨코는 "미국이 신탁통치를 주장해 하는 수 없이 절충안으로 5년간 후견제를 실시하기로 했다. 후견제는 신탁통치와는 근본적으로 다르다"고 설명했다.

『뉴욕타임스』 1946. 1. 10 존스톤기자의 박헌영 인터뷰기사 – 조선이 소련의 한연방으로 편입되기를 희망한다고 오보를 냈다.

17세의 원경스님. 1941년 3월, 박헌영과 정순년 사이에서 태어났다.

어린 시절의 원경스님(동그라미 안). 뒷줄 가장 오른쪽 얼굴이 지워진 사람이 한산스님이다.

혁명과 박헌영과 나 2부 ❷
해방 후 3년간 박헌영의 활동과 그 역사적 배경

무너진 하늘

1장 미군정 …… 19
2장 분열 …… 93
3장 첫 면담 …… 181
4장 예고된 대립 …… 239
5장 저물어가는 해방의 해 …… 313

1. 미군정

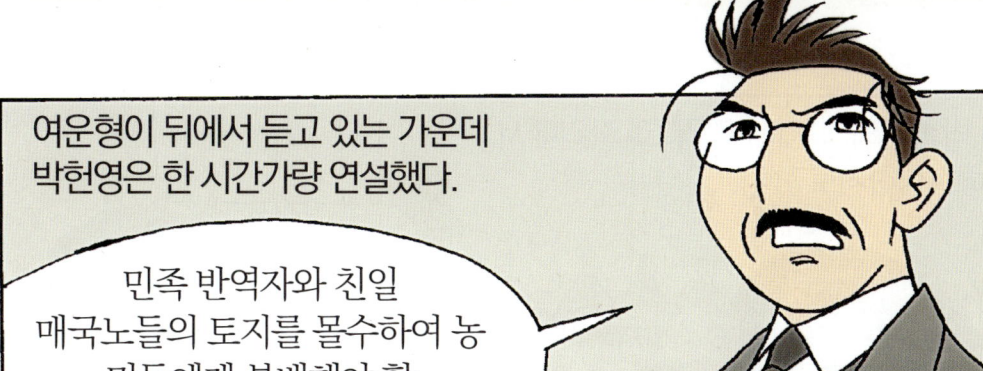

여운형이 뒤에서 듣고 있는 가운데 박헌영은 한 시간가량 연설했다.

민족 반역자와 친일 매국노들의 토지를 몰수하여 농민들에게 분배해야 할 것이며~

일제 강점기에 지방 순회연설이 그랬듯이 차근차근하고도 알아듣기 쉬운 연설로

그리하여 이 나라에 더 이상 착취와 억압이 없는 국가를 건설하여 노동자, 농민, 소시민 등 모든 인민이 주인 되는 세상을 만들어 나가야 할 것입니다.

진정한 민주주의를 이루기 위해 인민이 주인 되는 조선인민공화국을 수립해야 한다는 내용이었다.

인민공화국 만세!

만세-!

박헌영 동지 만세!!

조선인민공화국 여운형을 중심으로 조직한 조선건국준비위원회가 1945년 9월 6일 전국인민대표자대회에서 국가 성립을 결의했다. 그러나 역사적으로는 해방 직후 조직되었던 정치단체로 평가하고 있다.

인민 대표자들은 박헌영의 발제에 따라 그 자리에서 조선인민공화국을 결성하기로 했다.

이를 추진할 중앙인민위원으로는 이승만, 여운형, 허헌, 김규식, 이관술, 김구, 김성수, 김원봉, 김병로, 신익희, 무정 등 55명이 선출되었다.

일주일 후인 9월 14일에는 내각 명단까지 발표했는데

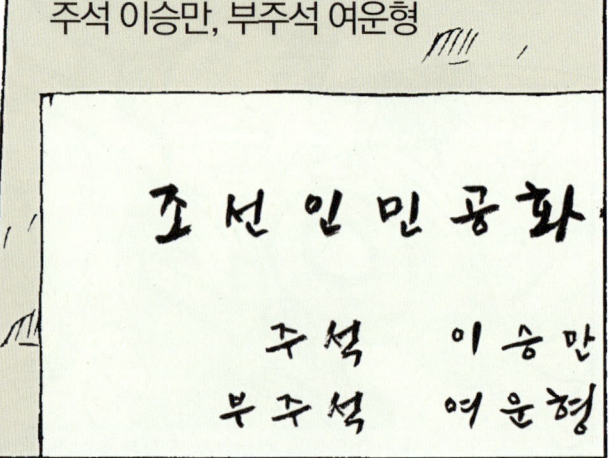

주석 이승만, 부주석 여운형

조선인민공화

주석   이승만
부주석 여운형

내무부장 김구, 국무총리 허헌, 외교부 김규식, 군사부 김원봉, 선전부 이관술, 노동부 이주상, 서기장 이강국, 체신부장 신익희 등이 내정되었다.

좌·우익이 열거되어 있었으나 절대 다수가 좌익들로 이뤄진 것이 사실이었다.

급조된 만큼 조선인민공화국은 문제점이 많았다.

우익의 이승만과 김구는 물론 김일성, 무정 등 외국에 있던 인사들이 거의 돌아오지 못한 상태로 만들어졌기 때문에 당연히 본인의 허락도 받지 못했다.

송진우, 안재홍 등 국내에 있던 민족주의자들과도 거의 상의가 없었다.

심지어 북한에 들어온 소련군정과도 충분한 상의가 없는 상태여서

소련군정을 의아하게 만들기도 했다.

소련 영사관으로부터 보고를 받은 소련군정은 이내 조선인민공화국을 인정했지만

조선인민공화국은 박헌영이 사전에 소련 측과 상의하지 않고 벌인 거의 유일한 큰 사건이 되었다.

우익 민족주의 인사들은 상징적인 우익 인사 몇 명만 형식적으로 이름을 올렸을 뿐,

부서 책임자들이 좌익 일색인 조선인민공화국에 자신의 이름이 올라간 것을 결코 영광으로 생각하지 않았다.

좌익 측도 불만은 마찬가지였다.

반평생을 미국에서 편히 살면서 극우 반공주의에 절은 친미파 이승만을 추대한 것은

1920년대 중반 이후 항일투쟁을 주도해온 공산주의자들에 대한 모욕으로 받아들여졌다.

조선 말기부터 항일 운동을 했다는 이유로 상해 임시정부 초대 대통령에 선출되었던 이승만은

임시정부에서 자신의 세력을 확보하는 데 마음대로 사용하는가 하면

미국 관리들에게 청원하는 데에만 매달려 교민들로부터 줄곧 분노와 비판의 대상이었다.

좌익들은 내각의 정·부 책임자 대다수를 차지했지만 이에 만족하지 않았다.

단지 유명하다는 이유로 이승만 같은 자를 주석으로 내정한 사실에만 불만을 터뜨렸다.

박헌영이 여운형과 정백의 의견을 받아들여 이승만을 주석으로 지목한 것은

이승만이 지식인 계층과 도시 중간층의 상당한 지지를 얻고 있었기 때문이다.

다양한 정치적 조류를 모아 만든 조선인민공화국의 대표가 되기에는 가장 적합한 인물이기도 했다.

박헌영은 당장 이승만의 본질을 폭로하기보다는

그는 샤브신에게 이승만이 빠른 시일 내에 자신의 정체를 드러내리라고 말했다.

예상대로 이승만은 주석 취임을 거부했다.

일단 양보하고 그가 스스로 정체를 드러내도록 하는 것이 더 올바르다고 주장했다.

훗날 북한은 박헌영이 미제의 간첩으로 이승만을 주석으로 세운 것은 친미정권을 수립하려는 목적이 었다고 주장한다.

그 말대로 만일 박헌영이 미국의 간첩으로서 그들을 위해 이승만을 주석으로 추천했다면 미국은 조선인민공화국을 승인하고 이승만은 주석 취임을 허락했어야 옳았다.

내각의 핵심부서들도 우익들로 채워야 옳았다.

그러나 이승만은 즉각 주석 취임을 거부했고,

미군정 역시 10월 10일자로 조선인민공화국을 "흥행의 가치조차 의심할 만한 괴뢰국"이라고 일축했다.

조선인민공화국 수립과 함께 조선공산당 재창당 작업도 서둘러 진행되었다.

미군이 인천에 상륙한 9월 8일

조선 공산당 열성자 대회

박헌영은 장안파가 개최한 조선공산당 열성자대회에 재건준비위원회 대표 자격으로 참가했다.

장안파 조선공산당은 이영과 정백이 해방된 당일 급조해낸 공산당으로

장안파 건국준비위원회를 통해 좌우합작을 주도하던 정백, 이영 등의 공산주의자들이 1945년 8월 15일 조선공산당 계승을 내세우며 서울 종로의 장안빌딩에서 조선공산당의 재건을 공표하여 '장안파'로 불렸다. 그러나 조선공산당의 정통성은 박헌영의 재건파에게 돌아갔다.

한편, 1945년 9월 8일 미군은 인천항을 통해 38도선 이남에 상륙했다.

상륙 하루 전인 9월 7일, 태평양 미 육군 최고 지휘관 더글러스 맥아더는 미육군총사령부 포고 제1호를 발표하면서 38도선 이남을 점령한다고 선포했다.

자신들이 해방군이 아니라 점령군임을 명백히 했다.

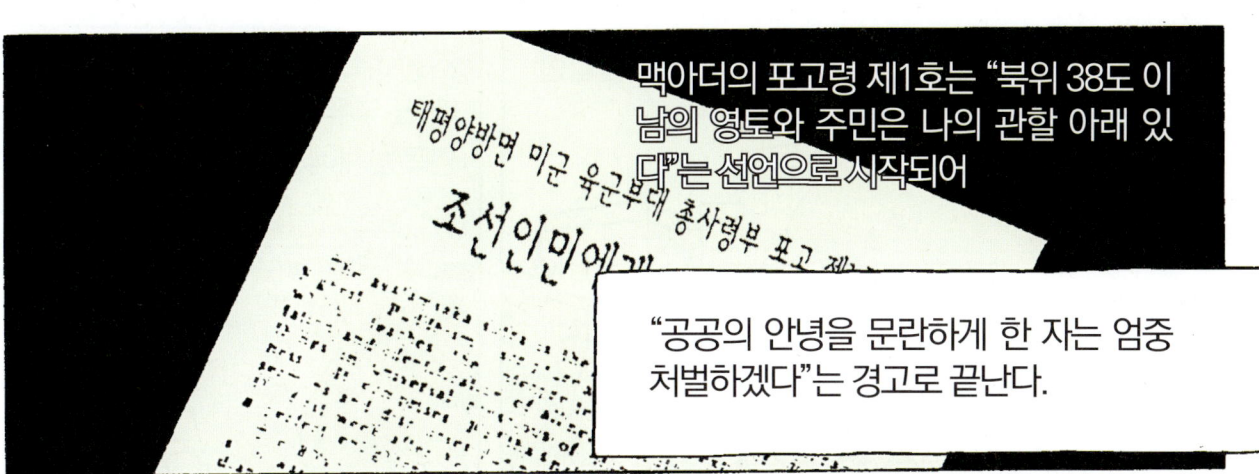

1945년 9월 9일 삼엄한 경계 속에 서울로 진입한 미군은

조선총독부 중앙회의실에서 아베 노부유키 조선총독으로부터 항복문서에 서명을 받았다.

같은 날, 일장기가 내려지고 성조기가 게양되었다.

중앙위원은 박헌영, 김일성, 이주하, 박창빈, 이승엽, 김상룡, 이현상, 이주상, 이순금, 무정, 권오직 등 28명이 선임되었고,

이관술, 서중석, 김형선, 최원택은 중앙검열위원으로 지명되었다.

이들 중 경성콤그룹 출신 혹은 박헌영과 밀접하게 활동해온 국내파들은 절반 정도로 다수를 차지한 반면,

다른 계열은 몇 명 되지 않았다.

인민위원회와 조선공산당의 결성으로 남한의 좌익은 급속히 대중적 지지를 넓혀갔다.

해방 당시 지식인과 민중의 다수는 좌익에 동조적이었다.

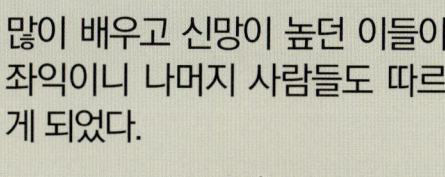

많이 배우고 신망이 높던 이들이 좌익이니 나머지 사람들도 따르게 되었다.

인민위원회 해방 후 발족된 건국준비위원회가 좌익세력을 중심으로 조선인민공화국을 공포했다. 이때 건국준비위원회는 각 지역의 140여 개 지부로 확대되어 지방준비위원회를 인민위원회로 개편했다. 인민위원회 위원장들은 대개 지역 원로들로 이념과 무관했다. 민간조직인 인민위원회에서는 좌우 구별 없이 다양한 계급과 계층을 포괄했다.

지방은 더해서 유식한 사람은 유식한 대로, 가난한 사람은 가난한 대로 좌익이 되었다.

특히 부유한 양반에게 시달리던 가난한 소작인들은 친일 반역자와 대지주의 토지 몰수 같은 좌익의 주장에 절대적인 지지를 보냈다.

자신들의 권리를 찾아주고 잘 살게 해준다는데 싫어할 사람은 없었다.

지주가 좌익 인사인 경우, 농민들은 서로 그 밑에 소작을 붙이려고 했다.

일제 강점기 사회주의자들 중에 자기 땅을 소작인들에게 무상 분배해준 경우가 상당히 많았기 때문이다.

일제 강점기에 적극적인 친일로 권세를 누려온 이들은 자신들의 부와 권력을 유지하기 위해 절치부심했으나

자신들을 선전하기 위해 유인물을 만들고 플래카드를 걸어보려고 해도 어디 가서 종이 한 장, 광목 한 필도 제대로 못 구할 정도였다.

대부분 민족의 배신자로 낙인 찍혀 대중적 지지를 받을 수 없었다.

이들을 부활시킬 수 있는 것은 오직 돈이었다.

해방 몇 달 만에 미군정청에 등록한 정당과 단체는 250개에 이르렀다.

한민당은 민족주의 세력 정당 중 가장 세력이 컸다.

1945년 9월 16일 종로구 경운동 천도교 대강당에서 열린 한국민주당 창당 발기대회에서 김성수, 송진우, 장택상, 조병옥, 윤보선 등

부유층 출신의 보수적인 민족주의 계열 인사 1,600여 명이 참가해 대성황을 이루었다.

민족주의든 친일파든 친자본주의 성향의 보수세력이 결집한 한민당에는

친일 행각을 벌여온 대지주와 대자본가들이 다수 가담해 풍부한 자금원이 되어주었다.

이렇게 한민당에 모여든 친일대지주와 대자본가들은 막대한 정치자금으로 친위조직들을 만들어나가기 시작했다.

1945년 9월 19일, 「해방일보」가 창간되었다.

「해방일보」 창간은 해방 나흘째인 8월 18일, 박헌영이 서울에 도착한 후 조선공산당 재건위원회를 조직하면서 결정한 일의 결과물이었다.

사장 겸 주간 권오직, 편집장 조일병 명의로 된 「해방일보」는

조선공산당 기관지임을 못박고,

발행된 1면에는 '조선공산당 통일 재건 만세'가 표제로 되어 있었다.

명륜동 김해균 저택

똑 똑

끼익

박지영이 박헌영의 아들 병삼을 데리고 서울까지 박헌영을 찾아오게 된 것은

1943년 이학규가 숨을 거두기 전,

박헌영의 어머니 이학규의 유언 때문이었다.

……

여기……

여기에 가면……

아범의 아이가… 있다네.

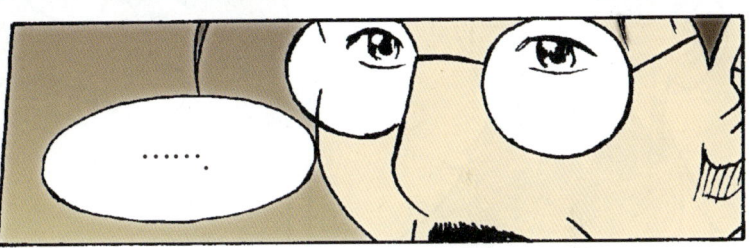

걱정 마십시오, 선생님.

김삼룡이 박지영에게 마련해준 쌀가게는 예지동에 있는 적산가옥(일제 강점기에 일본인이 살던 집)으로 이층집이었다.

바로 옆에는 김삼룡이 이순금과 함께 살고 있었다.

후에 남로당 비밀 아지트가 된 이곳은

한산이나 이주하 등 극소수만이 드나들었다.

김삼룡은 가끔 어린 병삼을 자전거에 태워서 예지동과 장충동 일대를 돌아다녔다.

김삼룡의 집은 문을 통해 가게와 연결되어 있었다.

간혹 심부름을 시키는 일도 있었다.

무슨 이야기를 들려주고

1945년 9월 20일, 조선공산당 중앙위원회는 박헌영의 「8월 테제」를 토대로 앞으로의 정치노선과 임무를 채택했다.

한편, 북쪽은 1945년 8월 25일, 소련 제25군이 평양에 입성했다.

하루 늦은 16일 평양에 도착한 소련 제25군 사령관 치스티아코프는 평남 지구위원장 현준혁과 평남 건국준비위원장 조만식을 비롯한 정치 지도자들과

일본 측 대표들을 불러 행정권 이양에 대해 논의했다.

회의 결과 평남 건국준비위원회는 평남 인민정치위원회로 개편되었고 행정권은 이 기구에 이양되었다.

평남 인민정치위원회는 사실상 북한 지역의 중앙정권과 같은 역할을 하는 위치에 있었다.

평안남도건국준비위원회 1945년 8월 17일 저명한 우익 지도자인 조만식이 중심이 되어 결성했다. 12명의 위원 가운데 좌익은 2명이었으며 나머지는 모두 우익 인사로 구성되었으나 소련군이 진주하면서 공산주의자 16인과 우익인사 16명으로 구성되는 평안남도인민정치위원회로 재편되었다.

평남 인민정치위원회는 자신들의 정책을 밝힌 「시정대강」에 근거하여 10월 21일 「소작료 3·7제에 관한 규정」을 발표했다.

일제 강점기 내내 턱없이 과중한 소작료에 허덕이던 농민들에게는 가뭄 끝에 내린 단비와 같은 조치였다.

또한, 11월 24일에는 다시 평남 인민위원회로 이름을 바꾸고 곧이어 「접수 일본인 토지 관리 규칙」을 발표하여

일본인의 재산인 '적산'을 둘러싼 혼란을 막고 멈춰선 공장을 다시 가동시키는 등의 활동을 하면서 북한 지역의 개혁작업을 주도해나갔다.

그리고 소련군 평양 입성 얼마 후인 9월 초순, 김일성이 원산 항을 통해 조선으로 귀국했다.

조선공산당 기관지 「해방일보」의 편집장으로 일했고, 후일 남로당 지하당 책임자를 맡았던 박갑동이 이주하로부터 직접 들었다는 증언에 따르면,

김일성은 귀국 후 잠시 원산에 머물고 있으면서

김동환이라는 가명으로 돌아다니며 원산 지역 사회주의자들을 규합하려 했다.

나중에 보니 김동환이라는 자가 평양에 가서 김일성으로 행세하고 있더라고 증언한 바 있다.

초창기 북한 지역의 조선공산당 지도자들은 절대다수가 경성콤그룹 출신들이었다.

함경남도의 오기섭, 정달헌, 이봉수, 원산의 이주하

평양의 현준혁, 평안북도의 김재갑, 고성창, 안병진, 함경북도의 김채룡, 황해도의 김덕영

모두 경성콤그룹이거나 박헌영의 오랜 동지들이었다.

상황이 이렇다 보니 김일성 자신도 해방이 되어 귀국할 당시에는 북한의 지도자로서 확고한 위치나 자기 확신을 가지고 있지는 않았을 것이다.

김일성의 본명은 김성주로 1930년대 후반 중국공산당 산하 항일연군의 조선인 부대에서 항일무장투쟁을 벌인 인물이었다.

그는 1941년 겨울, 일본군의 대대적인 탄압이 시작되자

국경을 넘어 소련으로 향했다.

무사히 소련 국경을 넘어간 김일성 일행은 하바로프스크 부근에서 소련 정보기관에 체포되었다.

당시 독일과 싸우고 있던 소련의 입장에서 보아 독일의 동맹국인 일본은 적국이었고, 식민지 조선인 역시 일본군에 자원입대하는 적국민으로 간주되었다.

소련군은 국경을 넘어오는 조선인을 일단 일본의 밀정으로 보아 엄중하게 취조했다.

규모를 갖춘 정식 유격대로 넘어왔다면 환영을 받았을지도 모르지만

개별적인 형태로 국경을 넘어온 김일성은 더욱 의심을 샀다.

김일성은 두 달이나 소련 기관원들에게 극심한 구타와 고문을 당하고서야 풀려날 수 있었다.

소련군은 신원이 확인된 김일성을 비롯한 조선인 월경자들을 소련군 동북방면군 제88정찰여단에 입대시켰다.

제88정찰여단은 장차 일본과의 전쟁에 대비해 군사·정치 전문가를 양성하기 위해 스탈린의 직접 지시로 만들어진 특수부대였다.

1942년 6월 창립 당시 550여명이던 부대는 점차 인원이 늘어나 80여 명의 조선인과 중국인, 러시아인 등 1,350여 명으로 구성되었다.

김일성은 중국 공산당원으로서 진지첸이라는 중국식 이름으로 조선인 부대 80여 명을 지휘하게 되었다.

대원 중 60명은 조선 출신이고, 나머지는 소련 교포들이었는데 조선 출신은 모두 중국 공산당원으로 중국 이름을 가지고 있었다.

여단은 기본적으로 중국인으로 이뤄졌고 언어도 중국어로 통일되어 있었다.

김일성을 비롯한 조선인 대원들은 중국 이름을 썼을 뿐 아니라 중국옷을 입고 중국어를 썼기 때문에

다른 나라 대원들은 세계대전이 끝난 후에도 88여단에 조선인이 있었다는 사실조차 모르는 이가 많았다.

제88정찰여단은 직접 항일 전투에 투입된 적이 없었다.

서부전선에서 독일과의 전쟁에 총력을 다하고 있던 소련은 동쪽에서 일본군이 개전하는 것을 꺼려했다.

소련군 사령부는 최석천이라는 가명으로 불리던 항일연군 제7군 군장 최용건 등 소수 정예를 국경 너머로 보내

일본군의 동향을 탐지하는 정도의 첩보 임무만 부여했다.

소련은 독일과의 전쟁이 완승으로 끝난 후엔 1945년 8월 9일에야 일본에 선전포고를 했다. 종전을 겨우 6일 앞둔 날이었다.

88여단은 대일전이 시작된 후에도 전선에 투입되지 않았다.

여단장 주보중은 거듭 전투에 참여시켜 달라고 요청했으나, 끝내 총 한 방 쏘지 못했다.

소련 입장에서는 수년간 공들여 훈련시킨 이들을 막바지 발악을 하는 일본군 앞에 세우고 싶지 않았던 것이다.

실제로 일본군은 종전이 선언되고도 사흘 후인 8월 18일까지 청진, 나남 등지에서 완강하게 저항해 12,300여 명이 죽었고

소련군도 1,600여 명이 전사했다.

나중에 북한에서 펴낸 『조선 전사』에는 김일성 부대가

난공 불락의 요새라고 했던 웅산만 고개의 방어시설들을 돌파하고 웅기, 나진, 남양등을 해방하고 도처에 정예를 자랑하던 일제의 조선 주둔군을 결멸, 소탕하면서 진격해

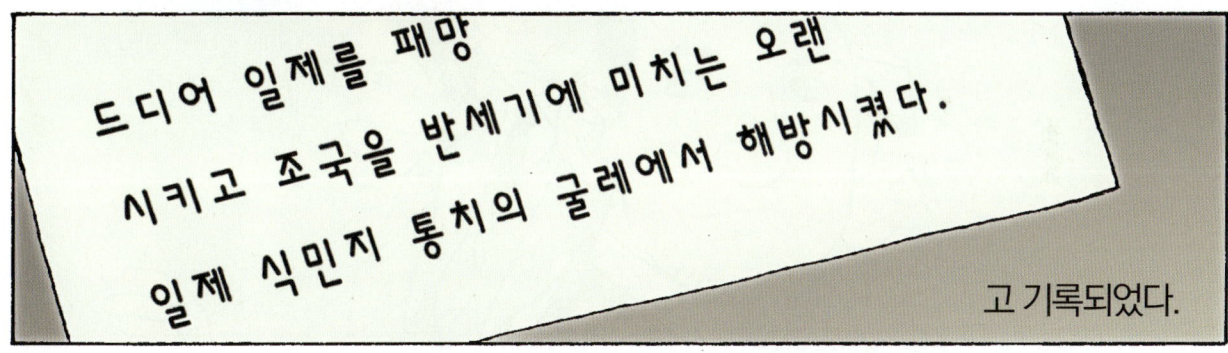

드디어 일제를 패망시키고 조국을 반세기에 미치는 오랜 일제 식민지 통치의 굴레에서 해방시켰다.

고 기록되었다.

매우 구체적인 이 전공 기록은 소련군 제25군 사령관 치스티아코프의 회고록 『제25군의 전투 행로』를 그대로 베끼되

'소련군 제25군'을 '조선인민혁명군'으로, '조선'을 '조국'으로 단어만 바꿔치기한 데 불과했다.

해방 후, 김일성을 포함한 80여 명의 조선인 부대원들은 원산에 상륙하자마자

북한 전역에 흩어져 소련군 위수사령부의 조선인 책임자로 발령되어 훗날 빨치산파로 불리게 되는 강력한 정치세력이 된다.

중국 내륙과 조선 국내에 많은 항일 사회주의자가 존재했음에도

80여 명의 김일성 부대원들에게 한반도 공산주의운동의 미래를 맡긴 것은 소련의 사회주의·패권주의의 결과였다.

투철한 항일투지는 있으되, 사회주의의 정치·경제에 대한 진지한 고민을 해볼 기회가 없던

대개 보통학교 중퇴 수준인 빨치산파들이 주도한 북한 정권은 베트남이나 동독과는 또 다른 문제를 일으키게 된다.

김일성을 북한의 지도자 후보로 낙점한 이는 스탈린이었다.

레닌 이전의 공산주의자들이라면 당연히 당원들의 민주적인 투표를 통해 지도자를 선정하려 했을 것이지만

스탈린에게 선거란 당 중앙, 곧 자신의 결정을 통과시키는 요식 행위에 불과했다.

다른 여러 신생 사회주의 국가에서 그러했듯이, 스탈린은 북한에서도 자기 마음에 맞는 지도자를 정해주고 싶어 했고 그것을 아무렇지도 않게 생각했다.

스탈린은 해방 2주 만인 1945년 8월 말 극동군 사령부에 "북조선에 인민위원회를 조직하고 지도할 지도자를 찾아보라"는 지시를 내렸다.

이에 소련군 제25사령부는 다음과 같이 보고했다.

공산당원이 지도자가 되어야 순리지만 북조선에 들어와보니 조선공산당 지도자 박헌영은 서울에 있고 북조선에는 믿을 만한 공산당원이 없다

이들의 보고는 하바로프스크에 주둔하고 있던 자신의 예하부대, 곧 김일성 부대에 북한의 행정을 맡기려는 요식행위에 불과했다.

같은 시각, 하바로프스크에 있는 국가 공안부(KGB)는 김일성이 가장 적합한 인물이라는 보고서를 올렸다.

KGB 국장 베리야

두 보고서에 따라 스탈린은 1945년 9월 초순 김일성을 모스크바로 불렀다.

김일성과 그 대원들로 하여금 북한의 권력을 장악하게 하기 위한 작전이 시작되었다.

우선 문제가 된 것은 대원들의 직급이 거의 사병이라는 점이었다.

소련군 극동전선 사령부는 그들이 자신들에게 주어진 임무를 원활히 수행할 수 있도록 8월 29일자로 17명을 장교로 진급시켰다.

하사관이던 강상호, 김일, 임춘추, 오진우, 박성철 등이 하루 아침에 장교로 임명되었다.

총사령부는 또한 9월 2일자 명령서를 통해 평양에 4명 등 북한 20여 개 주요 도시에 이들을 배치하도록 결정했다.

9월 18일, 김일성과 부대원들이 원산항으로 들어왔을 때 그들이 갈 곳은 정해져 있었다.

김일성은 평양시 위수사령부 부사령관으로,

김책은 함흥시 부사령관, 강건은 청진시 부사령관을 맡는 식이었다.

제88정찰여단장 주보중은 중국으로 돌아가 장춘시 부사령관을 맡는 등 중국인 대원들도 일본군이 철수한 만주 일원의 주요 도시 위수사령부 부사령관이 되었다.

원산을 거쳐 평양에 들어온 김일성은 2~3일 후 제25군 정치사령관 레베데프를 찾아갔다.

김일성은 소련 군복에 대위 계급장을 달고 있었다.

김일성은 먼저 레베데프에게 북조선에서 공산당을 조직하고 싶으니 도와달라고 요청했다.

처음 평양에 들어온 김일성은 일개 대위로서 특별히 뛰어난 군인도, 탁월한 혁명가도 아닌

활달하고 씩씩한 청년에 불과했다.

특히 국내 기반이 일천해 정치활동을 하는 데 어려움이 많았다.

그러나 그는 빠른 시일 내에 자신의 위상을 구축해나갔다.

비록 소련군의 적극적인 지원이 있었다지만

김일성이 정치적으로 비범했던 것은 부인할 수 없는 사실이었다.

레베데프 소장의 증언에 따르면, 평양에 들어온 김일성은 민족주의 지도자로서 대중적 신망이 높던 조만식을

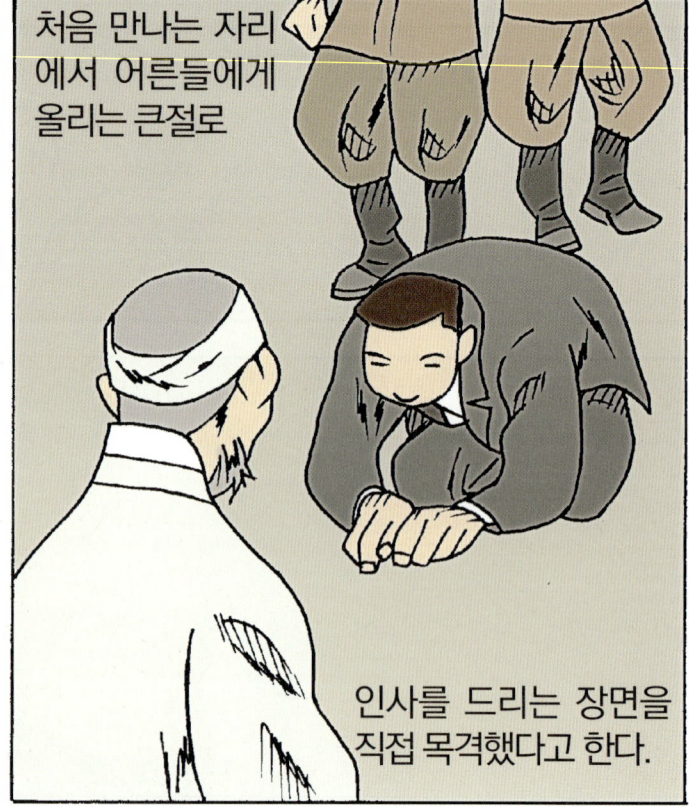

처음 만나는 자리에서 어른들에게 올리는 큰절로

인사를 드리는 장면을 직접 목격했다고 한다.

조만식은 김일성이 권력을 잡은 후 북한의 감옥에서 생을 마치지만,

해방 직후만 해도 오히려 김일성이 큰절을 올려야 하는 상대였다.

이때 김일성이 조만식과 소련군 장성을 초대한 곳은 평양의 고급 요정으로

국내파 사회주의자들로서는 상상도 할 수 없는 장소였다.

민족주의자 조만식에게 큰절을 올린 것 역시 국내파들로서는 상상도 못할 일이었을 것이다.

이후로도 김일성은 요정정치라고 불릴 만큼 요정을 애용해 상대를 가리지 않고 자기 편으로 만드는 정치적 수완을 발휘한다.

김일성을 면담한 레베데프는 김일성의 통역이자 비서인 문일의 요청에 따라 김일성에게 승용차를 제공하고

주택과 경호원을 배치해주었다.

또한, "김일성이 평양에 가면 은밀하게 지방을 순찰하게 하는 등 정치지도자 훈련을 시키라"는 특명을 받고 파견되어온 고려인 2세 강미하일 소좌 등

훈련된 소련군 정치장교들을 최측근에 배치했다.

이들은 김일성이 평양에 들어오기 전 1945년 9월 초순 미리 평양에 들어와 대기하고 있었다.

소련군 정치장교들은 김일성을 민족 영웅으로 부상시키는 한편,

여성동맹, 민주청년동맹 등 사회단체들을 조직해 일사불란하게 새로운 체제를 만들어 나갔다.

소련군 정치 장교들의 입장에서는 김일성이든 조만식이든 스탈린이 선택한 대로 따라갈 뿐이었다.

만일, 일제 강점기 말에 박헌영이 소련 군에 편성되었다면 그가 지도자로 지목 되었을지도 몰랐다.

소련에서 유학을 했던 그에게는

'조선의 레닌'이라는 별명까지 붙어 있었다.

김일성이나 소련군정도 일정하게 박헌영의 존재를 의식하고 있었다.

김일성 영웅 만들기의 첫 무대였던 10월 13일 소련군 환영대회 겸 김일성 환영대회장에서는 '스탈린 만세'와 함께

'박헌영 만세'가 연호되기도 했다.

구호까지 소련군정이 통제하는 상황에서 '박헌영 만세'가 외쳐진 것은 의미 있는 일이었다.

아직까지 한반도 전체의 지도권은 박헌영이 쥐고 있음은 분명한 사실이었다.

북한 지역의 지도자로 김일성을 지목한 것은 사실이지만

그러나 박헌영의 우세적 지위를 유지하라는 명령 같은 것은 소련군에 내려와 있지 않았다.

박헌영에 대한 소련군의 정책은 이중적일 수밖에 없었다.

박헌영이 조선공산당의 최고 지도자임은 분명하지만

그는 남한에 있는 사람이었다.

자신들이 주둔한 북한의 일은 김일성과 협의해 나간다는 방침이었다.

2. 분열

김일성을 소련으로 압송해간 레베데프는 평양 주둔 제25군 정치사령관으로 베리야의 사람이었다.

그는 김일성의 실질적인 정치적 후견인으로 김일성을 북한의 최고 권좌에 앉히는 데 결정적인 역할을 하게 되는데.

후일, 레베데프는 김일성이 전적으로 베리야의 작품이었다고 증언한 바 있다.

베리야가 길거리에서 김일성에게 달아준 소련 훈장은 스탈린에게 그를 북한의 지도자로 내세우기 위한 포장이라 할 수 있었다.

김일성은 이 소련 훈장을 소련군 환영대회 이후 한참 동안 달고 돌아다니곤 했다.

조선공산당 중앙과 김일성 세력의 미묘한 관계는 무척 빠르게 드러났다.

소련군 환영대회가 열리기도 전인 1945년 10월 6일

똑 똑

선생님.

귀국한 지 2주밖에 안 된 김일성이 서울 중앙당을 부인하고 독자적인 지도부를 구성하겠다고 요구해온 것이다.

경성콤그룹의 일원이던 장순명과 역시 정통 국내파 공산주의자인 주영하가 남하하게 되기까지는 북한 내부의 갈등이 있었다.

서울에 엄연히 당 중앙이 있는데 북조선에 별도로 당 중앙을 만들자는 것이오?

이주하

김일성이 북부 5도당을 지도할 수 있는 중앙지도부를 구성해야 한다고 의견을 제기하자

뭐요?

말이 되는 소릴 하시오, 김 동지!

북조선공산당 조선공산당의 서북지역에 있던 '조선공산당 북조선분국'이 당명을 바꾼 정당으로 이후 북조선로동당에 합당했다.

물론 그 이면에는 소련군정의 지시가 깔려 있었다.

박헌영은 김일성을 직접 만나기 전에는 입장을 밝힐 수 없다는 자세를 취했다.

두 밀사는 박헌영의 뜻을 소련 영사관을 통해 전문으로 평양으로 보냈고

김일성은 경기도 개성 북방의 소련군 삼팔선 경비사령부 막사에서 만나자고 답신을 보내왔다.

1945년 10월 8일

박헌영과 김일성의 사상 첫 만남이 이뤄졌다.

참석자는 박헌영과 김일성, 그리고 양쪽의 직계 참모 7명과 소련군 사령부 민정 사령관 로마넨코였다.

회의는 처음부터 난항에 빠졌다.

박헌영은 1국 1당의 원칙에 따라 서울의 중앙당을 고수하려 한 반면

김일성은 남북이 서로 다른 지역적 특성을 반영해 따로 공산당을 운영해야 한다고 주장했다.

김일성의 논지는 소련군정의 뜻이기도 했다.

레베데프 등 소련군정 간부들은 처음부터 북조선에 별도의 공산당이 필요하다고 생각하고 있었다.

"그러나 당 중앙이 서울에 있기 때문에 평양에 북조선 조직국을 두라는 지령이 모스크바에서 떨어졌다"라고 후에 레베데프는 회고했다.

이와 같은 배경에는 서울의 박헌영을 지지하는 정보기관이 소련공산당 중앙위원회 등에 보고한 것이 영향을 줬을 것이라는 게 그의 설명이었다.

북한의 지도자 선정 과정을 놓고 군부에서는 김일성을 믿었지만,

정보기관에서는 박헌영이 북한의 지도자가 돼야 한다고 생각하고 있었다.

로마넨코는 자신도 김일성과 같은 생각이라고 답변했다.

… 그럼, 중앙당에 속하되 북부지역 공산당 조직을 지도할 수 있는 중간 기구로서 임시 승인하는 방식으로…….

임시로 북조선 분국을 설치하지요.

경성

말도 안 됩니다.

이런 상황에 북조선 분국이라니요?

그는 10월 10일 안국동에서 열린 조선공산당의 첫 공식 기자회견에서

10월이 되면서 토지제도를 비롯한 제반 문제에 대한 박헌영의 전략은 더욱 명확해졌다.

일본인과 민족반역자의 대토지는 물론 일반지주의 토지도 본인이 직접 경작할 수 있는 땅 이외에는

몰수하여 국유화해 농민들에게 분배하는 게 원칙이라고 말했다.

토지개혁 좌익은 일본 식민당국 소유의 토지와 한국인 대지주 소유 토지를 모두 몰수하여 소작농민에게 무상분배 하자고 주장했다. 우익은 일본 식민당국 소유의 토지는 몰수하되 한국인 지주들 소유의 토지는 유상으로 보상하여 구매한 후 소작농민들에게 유상으로 판매하자고 주장했다. 일부 중도좌파와 우파 일부는 토지의 몰수 여부와 상관없이 모든 토지의 국유화를 주장했다.

한민당 내의 민족반역자에 대한 숙청이 이루어진다면

통일전선을 함께하겠노라고 언명하기도 했다.

또한, 이 기자회견에서 박헌영은 미군정에 대해 감사와 우려를 함께 표했다.

그는 연합군의 귀중한 희생에 감사를 표하지만 조선 주둔 연합군은 남북을 막론하고 빠른 기간 내에 그 임무를 수행하고

조선인에게 정권을 양도하고 물러나야 한다는 내용이었다.

미국을 점령군이 아닌 해방군으로 간주하고 환영하되, 조속한 철수를 요구하는 이중정책이었다.

박헌영이 미국을 미비판적으로 환영했다가 뒤늦게 극단적으로 대립해 운동에 혼선을 가져왔다는 비난은 근거가 없었다.

그는 일제 강점기때부터도 미국이 자본주의 제국의 종주국이라는 점을 잊은 적이 없었다.

해방 후 일시적이나마 반파시즘 전선의 동맹자였다는 점에서 환영했던 것뿐이며

미국이 자본주의 제국의 본성을 드러내자 총력을 다해 싸웠을 뿐이다.

반면, 미군정은 조선 땅을 밟은 그날부터 사회주의자들을 적대시했다.

사회주의자에 대한 미국 정부의 입장은 명확했다.

미국은 사회주의자뿐 아니라 조선인 전체에 대해서도 불신했다.

맥아더와 그 막료들이 거듭 천명했듯이, 미군은 식민지 조선을 해방시키러 온 해방군이 아니었다.

일본군을 무장해제시키기 위해 일본 영토에 진입한 점령군이었다.

조선인은 일본군에 협력해 미군과 싸운 적국에 불과했다.

조선의 친일 지식인, 부유층들은 불과 며칠 전까지만 해도 영국과 미국을 박멸하라 외치고 있었다.

돌연 입장을 바꾸어 미국을 찬양하고 미국에게 자신의 생명을 건다는 것이 확실해질 때까지

조선인은 미군의 적에 불과했다.

더욱이 사회주의자들에 의해 만들어진 인민공화국은 일본군보다 더 경계해야 할 대상이었다.

남한은 제2차 세계대전이 끝나고 연합국이 점령한 나라들 중 가장 부당한 대우를 받았다.

전범국인 일본과 오스트리아에는 미군정이 세워지지 않았다.

그 나라의 정부가 그대로 존립한 가운데 미군은 이를 간접적으로 통제하는 역할을 했다.

북한에 진주한 소련군도 자신들이 점령군이 아니라 해방군임을 명확히 밝혔다.

반면, 한반도 남부에 주둔한 미국은 처음부터 점령군임을 선포하고 미군 정부인 미군정을 세웠으며,

조선인의 자치정부를 일체 인정하지 않았다.

전시계엄령 아래 포고령 형태로 수행된 그들의 정책은 일제 이상으로 강압적이었다.

이는 미국 대통령과 각료들이 조선인은 구제할 의미가 없는 야만족이라는 멸시와 편견을 가진 데서도 연유했다.

혼란했던 조선 말기 한반도를 방문했던 미국인은 부패하고 무능한 왕조의 관리들과

무지하고 더러운 민중에 대한 혐오감을 여러 글로 남겼다.

이를 읽은 미 대통령 루스벨트는 일본인을 뛰어난 문화인으로 극찬한 반면

조선인은 제 나라를 지키기 위해 총 한 발 쏠 수 없는 사람들이라고 공언했을 정도였다.

미국 정부 각료들에게 남한은 공산주의의 위협으로부터 일본을 지키는 방어진지에 불과했다.

특히, 태평양지구 미군 사령관 맥아더에게 조선이 단일한 민족이 살아가는 유구한 역사를 가진 독립국이라는 의식 따위는 없었다.

맥아더는 세계대전 종료 직전, 소련군의 남하를 막기 위해 황급히 삼팔선을 그은 당사자였지만

남한 민중만이라도 공산주의로부터 구해야겠다는 동정심 따위는 갖고 있지 않았다.

그에게 조선은 장차 중국과 소련을 겨냥한 군사기지로 탐이 났을 뿐이다.

조선인이 겪어야 할 이산의 고통 따위는 안중에 없었다.

그는 나중에 한국전쟁을 총지휘하면서도 끊임없이 한반도와 만주에 핵폭탄을 떨어뜨리고 싶은 욕구에만 사로잡혀 있던 전쟁 숭배자일 뿐이었다.

맥아더의 지휘를 받은 남한 미군정의 첫 번째 잘못은 조선인민공화국을 부인한 것이었다.

9월 6일 인천에 상륙한 미군은 맥아더가 지시한 육군민정지침서 이외에 어떤 지침도 갖고 있지 않았다.

거기에는 어떠한 조직된 정치집단도, 비록 정서상 건전할지라도 군정정책을 결정하는 데 참여시켜서는 안 된다고 명시하고 있었다.

사관학교에서 철저히 반공교육을 받고 배치된 미군 장교들은

그 정치집단이라는 것이 공산주의자들을 지칭한다는 것을 본능적으로 인지하고 있었다.

서울에 들어온 주한 미군 사령관 하지는 조선인민공화국의 정체에 대해 영어를 할 줄 아는 한국인에게 문의했다.

기독교 신자인 그는 조선인민공화국이 공산주의자 여운형에 의해 조직되었으므로 없애야 한다고 충고했다.

하지는 이 반공주의 기독교인을 미군정 고문으로 삼았다.

하지가 유임시킨 일본인 교관들 역시 인민위원회와 조선공산당을 이끄는 자들은 일제 강점기에 불법적인 사상이나

변칙적인 성향 때문에 감옥살이 했던 자들이며

이들이 권력을 행사하여 온건한 민중과 지식인, 부유층이 불안해 하고 있으니 미군정이 이들을 약화시켜야 한다고 충고했다

미군은 자신들의 이념과 꼭 들어맞는 그들의 의견을 채택했다.

미군은 인민위원회와 조선공산당이 미군에 적대적인 정책을 펴기 전부터

그들이 가진 대중적 지지를 부인했을 뿐 아니라, 두려워하고 경원시했다.

여운형이 대중적 정치가라면 박헌영은 전위조직의 지도자라 할 수 있었다.

조선인민공화국은 무산되었으나 두 사람의 정치 역량이 합쳐진 인민위원회의 위력은 컸다.

10월 하순까지 전국 7개 도, 12개 시와 131개의 군 단위에 인민위원회가 결성되었다.

인민위원회는 조속히 조선인이 정권을 인수하고 미군정을 철폐할 것,

모든 일본인 재산을 몰수할 것, 소작료 3·7제를 실시할 것 등 조선공산당의 요구를 그대로 내세웠다.

조선총독 아베와 정무총감 엔토는 9월 12일까지 그대로 근무했으며,

다수의 고위관리들은 10월까지도 관직을 유지했다.

7만 2천여 미군은 조선인과의 어떤 접촉도 금지된 가운데 일본 헌병들이 계속해서 주요기관들을 지켰다.

미군정에 출입할 수 있던 조선인은 영어에 능숙한, 결과적으로 친일활동에 앞장서온 소수 기득권 세력들이었다.

곧 미군정의 탄압이 시작되어 50여 명이 검거되었다.

같은 시기 양산과 김해의 인민위원회가 해산당했다.

경남 통영과 전북 남원에서는 미군에 항의하던 중

한 명이 총에 맞아 사망하기도 했다.

"일제에 헌신하던 놈들이 이제 미국에 빌붙어 활개를 치는군."

"젠장… 어쩌다 저런 개만도 못한 놈들이……."

그들의 복귀는 민중의 불만을 축적하며 장차 남한을 내란 상태에 빠지게 하는 근본 원인이 되었다.

익명성이 보장되는 서울 등 대도시와 달리

친일파 출신 경찰, 관리들과 직접 얼굴을 맞대고 살아야 하는 지방에서는 불만이 더욱 고조될 수밖에 없었다.

또한 일본인을 서둘러 귀국시키면서 하급 기술자들까지 모조리 철수시키는 바람에

주요 공장들은 가동할 인력을 잃고 마비상태에 빠지기도 했다.

그 자리를 꿰차고 앉은 친일파들은 일본인에게서 압류한 적산가옥이며 공장, 기계설비를 챙기기에 바빴다.

남의 민족에게 빌붙어 제 민족을 탄압하고 착취해온 그들에게 어느 날 갑자기 숭고한 애국심을 기대하는 것은 무리였다.

미군정의 탄압에도 불구하고 인민위원회는 전국에서 상당한 신망을 얻었다.

민족주의자들의 외면을 받은 중앙인민위원회와 달리 지방의 인민위원회는

사회주의자들만이 아니라 지역에서 양심가로 명망 높은 민족주의자들도 대거 참가했기 때문에 상당한 지지를 얻었다.

중국, 소련, 일본 등지에 나갔다가 돌아오는 귀환민의 행렬은 해방 후 수개월이 지나도록 계속되고 있었다.

인민위원회는 이들을 맞이해 먹을 것과 잠자리를 제공해 주고

아직 철수하지 않은 일본군경을 견제하는 등 1945년 말까지 실질적인 국가기관처럼 활동했다.

그래서 해외에서 돌아온 이들은 인민위원회를 공식적인 정부기관으로 착각하기도 했다.

일제 강점기 말에 화엄사의 승려로 있다가 박헌영이 광주에 은신해 있을 때 찾아와 해방운동에 뛰어들길 소망하지만

박헌영의 권유로 일본을 거쳐 유럽으로 유학을 떠나 있었다.

그러다가 유럽에서 해방을 맞은 김정진은 유학 도중 귀국하게 된다.

어머니로부터 대원각을 물려받게 되었어요.

……

이렇게 김정진은 어머니 조봉희가 운영하던 대원각(지금의 성북동 길상사)을 물려받고, 주인 겸 기녀로 화류계에 몸을 담는다.

이때부터 김정진은 '김소산'이라는 이름으로 해방정국에서 서울 장안의 화류계 여왕으로 이름을 날리며

박헌영의 비선자금책으로 남로당의 핵심으로 활약하게 된다.

1945년 10월 13일 소련군 환영 대회라는 이름으로 평양 공설운동장에서 열렸는데

외형적으로는 조만식이 이끄는 평남 인민위원회가 주관하는 행사였지만,

실질적으로 처음부터 끝까지 소련군정 사령부가 기획과 연출을 모두 맡은 행사였다.

이 대회에서 소련군 사령부는 김일성을 대중 앞에 소개하기 위해

김일성이 읽을 연설 원고를 작성해주고

군복 대신 신사복으로 나가도록 지시했다.

이때, 김일성이 입은 양복과 구두는 모두 소련 교포 강미하일 소좌의 것이었다.

소련군 사령부는 그의 본명이 김성주임을 알고 있었지만, 항일 빨치산 투쟁의 상징인 '김일성'이라는 이름을 그대로 사용하게 했다.

김일성이 가짜라는 소문은 삽시간에 퍼져나갔다.

남한에도 알려졌다.

가짜 소동은 강미하일 소좌와 메크레르 중좌 등 소련군 정치장교들이 김일성을 데리고 그의 출생지 만경대를 찾아가 가족과 친지들을 공개하고

이를 신문과 방송을 통해 대대적으로 보도하면서 차츰 가라앉았다.

북한의 보통학교 교과서 맨 첫 단원에 김성주가 김일성으로 이름을 바꾸게 된 과정을 싣기도 했다.

북조선의 군중 분위기가 심상치 않게 돌아가고 있습니다.

우리도 좀 더 적극적으로 모스크바에 우리의 입장을 표명해야겠어요.

정책 입안 보고서 준비는 잘돼가고 있습니까?

김일성의 잘못을 지적했다기보다는 소련군정의 잘못을 지적하는 내용이었다.

이 편지는 하바로프스크에 있는 KGB 지국을 통해 모스크바로 전달되었다.

KGB가 이 일에 적극적으로 나선 것은 박헌영이 자신의 경쟁상대인 소련군의 오류를 지적했기 때문이다.

그러나 군부를 선호해온 스탈린은 박헌영의 지적을 무시했다.

소련군정 장교들 역시 자신들의 오류를 지적하고 나선 박헌영을 좋지 않게 보는 계기로 삼았을 뿐이다.

소련군정의 입장에서는 공산주의자들 내부의 갈등 해소보다는 북한에 하루 빨리 안정된 정권을 세우는 일이 시급했다.

한편으로, 박헌영은 정책 입안 보고서를 작성해

앞으로의 정책 방향을 서울 주재 소련 영사관을 통해 모스크바의 스탈린에게 전달했다.

박헌영은 정책 입안 보고서에서 남북이 갈라서는 것을 절대 원치 않음을 강조했다.

그리고 36년 동안 조선을 식민통치하면서 조선의 인민과 항일투사들에게 무자비하고도 잔혹한 행위를 저지른 전범의 나라 일본을 미국과 소련이 분할 관리해야만

우리 조선 인민과 피압박 속에서 신음했던 동남아 여러 국가에서도 진정 미국과 소련 및 연합국을 향해 해방을 안겨준 고마운 나라로서 인민의 갈채를 받을 것이라고 설파했다.

박헌영은 거의 이틀에 한 번씩 가회동을 찾았다.

가회동에는 조선공산당 총무부장 겸 재정부장 이관술이 경복궁 바로 옆에 마련한 넓고 깨끗한 기와집이 있었다.

북한산과 왕궁을 배경으로 하여 풍광이 무척 좋고 조용한 집이었다.

어서 오십시오, 선생님.

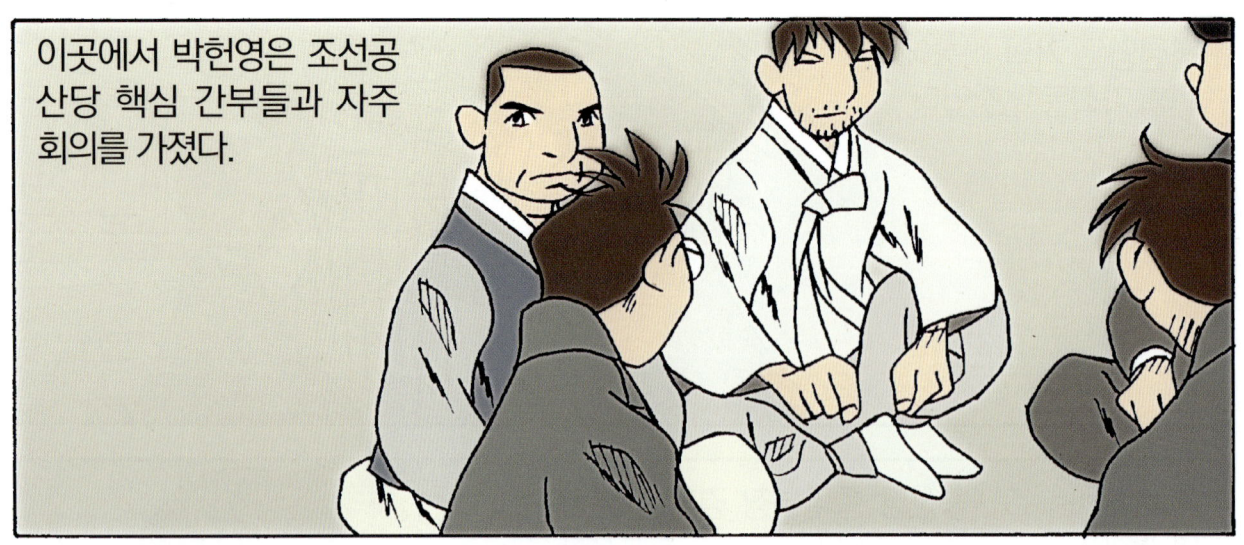

이곳에서 박헌영은 조선공산당 핵심 간부들과 자주 회의를 가졌다.

회의가 끝난 후에는 자유롭게 모여 앉아 일제 강점기 말에 누구는 어디서 무얼 했고,

어떻게 경찰의 추적을 피해 다녔는 가 하는 이야기들을 나누며 즐겁게 웃고 떠들기도 했다.

어제 이승만이 귀국했다는 소식을 들으셨습니까?

소련이 북한 지도자로 김일성을 선정한 것처럼

미국은 이승만을 남한의 지도자로 지목했다.

이승만은 임시정부 시절 미국에 위임통치를 청원한 전력이 아니더라도

이후 20여 년 동안 미국에 살면서 철두철미한 반공주의자요 자본주의자로서 미국의 관료와 민간의 여러 정치인들과 널리 인맥을 쌓고 있었다.

스탈린의 지시에 따라 일사불란하게 움직이는 소련과 달리

미국의 이승만 선택에는 다소 시간이 필요했고, 상황에 따라 변동될 소지가 있었으나, 이후 진행은 본래 기획에서 크게 벗어나지 않았다.

한반도에 사회주의 모범국가를 만들어보려는 소련의 꿈과 달리

미국의 점령 의도는 한국인이 자유롭고 부강하게 사는 데 있지 않았다.

혁명의 바람이 미 대륙에 직접 상륙하지 못하도록 최대한 먼 지역에서부터 차단선을 쳐놓으려는 것뿐이었다.

이러한 안전장치를 위해서는 한국인에게 필수적인 요소들이 다소 무시되어도 상관 없었다.

김일성이 소련군 함정을 타고 입북했듯이

하와이에 있던 이승만은 미군이 제공한 군용 비행기를 타고 귀환길에 올랐다.

그는 먼저 일본 동경에 도착해 맥아더의 환대를 받았다.

미군 사령관 하지는 이승만을 영접하기 위해 직접 동경까지 날아갔다.

하지는 10월 16일 이승만이 맥아더의 전용 비행기를 타고 서울에 도착하자,

조선호텔의 최고급 객실을 내주고 미군 경호원을 붙여주었을 뿐 아니라

기자회견까지 주선해주었다.

소련군이 했던 그대로 10월 20일의 미군 환영대회에서는

이승만을 5천 군중에게 직접 소개하여 장차 당신들의 대통령감이라는 암시를 주었다.

하지는 공식석상에서 이승만이 등장하면 벌떡 일어나 자리를 양보하는 등 각별한 예우까지 갖추었다.

이승만에 대한 미군과 하지의 태도는 파격적인 것이었다.

김구를 위시한 중경 임시정부 인사들과는 완전히 딴판이었던 것이다.

미군정은 해방된 조국으로 들어가려는 임시정부 인사들에게는 임시정부의 명의가 아닌

'개인 자격'으로 입국해야 한다는 방침을 내세우고는

개인 자격으로 입국한다는 서약서에 사인해야 맞아들이겠다는 조건을 붙였다.

주석 김구를 비롯한 국무위원들은 상해에서 국무회의를 열어 이 문제를 논의했다.

국무위원들은 미군정의 요구가 모욕적인 처사라며 이를 받아들일 것인지 말 것인지를 두고 격론을 벌였다.

의견이 분분했으나 결국 사인을 하기로 결정을 내렸다.

그리고 11월 19일 김구는 중국 전구의 미군사령관인 웨드마이어에게 '개인 자격의 귀국'이라는 서약서를 제출했다.

그제야 11월 20일 미군정은 비행기 한 대를 상해로 보냈다.

비행기의 탑승 인원수는 15명이었다.

귀국하려고 중경에서 상해에 도착한 인원이 모두 29명이었으니 이들이 한꺼번에 귀국할 수는 없었다.

미군정은 사전에 이들이 귀국한다는 소식도 발표하지 않았고,

제1진과 제2진으로 나눠 11월 23일에야 주석 김구와 부주석 김규식을 비롯한 제1진이 미군 비행기를 얻어 타고 국내로 들어올 수 있었다.

국내 기자들에게는 기자회견 참석조차 불허해 외국기자들만 참석했다.

중도파라 할 수 있는 여운형에 대한 태도도 심하게 모욕적이었다.

하지는 서울에 들어온 지 한 달만인 10월 5일이 되어서야

건국준비위원회와 조선인민공화국의 수장인 여운형과 면담하는데,

자리에 앉자마자

왜 한 달이 되도록 미군정 사령관인 나를 찾아오지 않았소?

일본인에게는 돈을 얼마나 받았소?

그… 그게 무슨 말이오?

당신이 수장으로 있는 건국준비위원회를 말하는 것이오!

일본인에게 돈을 얼마나 받았기에 행정권을 인수했냔 말이오?

미군 사령관 하지가 들은 여운형에 대한 정보는 모두가 기독교 계통의 친일 인사들이 제공한 것들이었다.

사정이 이렇다 보니, 조선공산당에 대한 미군정의 태도 역시 말할 나위가 없었다.

3. 첫 면담

1945년 10월 27일

박헌영은 미군 사령관 하지와 처음으로 회견하게 된다.

반도호텔

이 회담은 오후 3시부터 5시까지 하지의 숙소인 반도호텔에서 이루어졌다.

시위대가 미군을 습격하려 한다는 정보 때문이었으며, 자신이 사전에 알았더라도 똑같이 금지 조치를 했으리라고 말했다.

한동안 날카로운 공방을 벌이던 하지는 장황하게 자신과 미군정의 입장에 대해 설명하고

당장 한국에서 일본인 기술자나 친일파 출신들을 철수시키면 철로에서 침목을 들어내 기관차를 전복시키는 것과 마찬가지라며 설득했다.

박헌영도 다소 누그러져서 말했다.

… 우리 당의 정치 노선은

… 저놈이 조선에서 가장 인기 있는 지도자라고?

골치 아프게 됐군······.

조선공산당이 아직 전 인민을 지도할 만한 역량을 갖고 있지 못하다는 박헌영의 말은 사실이었다.

그뿐만 아니라, 지나치게 좌익적인 구호나 민족주의자들에 대한 적대적 행동으로 민중의 반감을 불러일으키는 경우도 종종 있었다.

당시 조선공산당에 대한 일반 대중의 지지는 폭발적이었다.

우후죽순으로 탄생한 온갖 잡다한 우익정당들과는 비교할 수 없는 지지도였다.

자연스럽게 공산당원의 수도 급속히 늘어났다.

그러나 그에 따른 부작용도 만만치 않았다.

일제 강점기 후반 민족해방운동의 주력은 사회주의자들이었다.

1932년 한 해만 하더라도 치안유지법 위반으로 일제 경찰에 검거된 인원이 4,200명인데

그중 대다수는 공산주의 사상에 동조하고 있었다.

정확한 통계를 내기는 어려우나 일제 강점기 하에서 최소한 수만 명 이상의 열렬한 사회주의자가 있던 것은 사실이었다.

그렇다고 해도 해방된 지 불과 몇 달 만에 수십만, 아니 과장된 표현으로는 백만 명까지 폭증하다 보니 부작용이 컸다.

급조된 공산당원들이 제대로 된 이론 교육을 받았을 리 없었다.

공부를 하려 해도 책이 없었다.

일제 강점기 말 사회주의 서적은 거의 소각되어 고작 『소련 공산당사』 정도가 나돌았는데

그나마 "이틀 보고 사흘 일 안에 태우라"는 보안수칙이 적용되어 읽는 대로 태워버렸다.

사회주의 이론의 기초가 되는 『자본론』은 물론, 『변증법적 유물론』이니 『사적 유물론』, 『세계 혁명사』 같은 책조차

한 번도 읽지 않은 초보당원이 대부분이라 해도 과언이 아니었다.

공산주의가 뭔지도 모르는 채 공산당이 끝까지 일제에 저항했으니 옳다는 생각만으로,

게다가 이런 초보 당원들은 나중에 공산당이 궁지에 몰리자

체포되기만 하면 조직의 비밀을 있는 대로 다 불어버리거나

아예 첩자가 되어 사회주의자들을 색출하는 데 앞장서기까지 한다.

가회동

미군정과 공산당의 대립 또한 불가피했다.

그것은 미군정이 좀 더 조선인의 입장에 선 정책으로 선회하지 않는 한 해결될 수 없는 갈등이었다.

박헌영은 조선에 주둔한 미군이 미국 내에 민주주의 세력의 이익을 대표하는 것이 아니라 금융자본가의 이익을 대표하고 있다고 보았다.

당사자들이 아무리 부인한다 해도 그것은 사실이었다.

미군정과 이해가 일치하는 것은 조선인 부유층이었고,

그들의 절대다수는 친일 매국노였다.

미군정은 그들이 일제 강점기 하에서 축적해온 자본과 권력을 그대로 보장해 줌으로써 자본주의의 맹아를 싹 틔우는 한편,

자신들의 대리자인 이승만으로 하여금 농사를 짓게 하려고 했다.

이승만은 오랜 해외 체류로 조직 기반이 없었지만

정치는 곧 돈이라는 사실을 잘 알고 있었다.

이승만은 그들을 적극적으로 끌어들임으로써 빠른 시간에 막강한 조직과 자금을 축적할 수 있었다.

정치적으로 고립되어 있던 친일 매국노들에게 이승만의 출현은 구세주처럼 반가운 것이었다.

친일 매국노들의 처리는 박헌영을 비롯한 공산주의자들과

그 반대자를 가르는 결정적인 문제로 부각되었다.

1945년 10월 29일

돈암장

박헌영은 이승만이 머물고 있던 돈암장에서 이승만과 처음으로 만나게 된다.

돈암장은 원래 조선왕조가 망하면서 궁궐에 살았던 내시가 1938년 개인 사택으로 지은 집이었다.

이후 장진섭이라는 사업가가 이 집을 사들였는데

이승만이 귀국하자 장진섭은 이승만에게 자기 집을 선뜻 내어주어 머물 수 있게 했다.

민족통일전선 좌우합작의 높은 단계를 이르는 말로, 일제강점기에 중일전쟁이 일어난 후 독립운동 단체들이 이념대립을 중단하고 민족 독립운동의 단일 정당을 목표로 통합하여 조선민족전선연맹을 결성하고 그 군사조직으로 조선의용대를 창설했던 역사가 있다. 해방 후 신국가 건설이라는 대의 아래 좌익과 우익이 함께 민족통일전선을 추진하며 독립촉성회의를 결성했다.

친일파를 청산한 바탕 위에서 민족통일전선이 이루어져야 함을 강조하는 내용들이었다.

일본 제국주의의 잔존세력이 아직도 지배적인 현재, 덮어놓고 통일, 그저 합하고 볼 일이라고 주장함은

그 주관적 의도의 여하를 불구하고 친일파, 주구들에게 다시 지배권을 맡기자는 것이나 마찬가지입니다.

일본 제국주의의 잔존 세력은 지금 더욱더 서울로 집중되고 있을 뿐 아니라

그들은 경제적·문화적으로 유리했던 관계를 이용하여 다시 파렴치하게 날뛰고 있는 것입니다.

그러므로 우리의 투쟁 목표는 의연히 이 잔존세력의 완전한 청산에 있습니다.

이어서 박헌영은 민족의 통일은 이러한 친일 주구배를 제외한 순수한 조선인, 애국자, 진보적 민주주의의 모든 요소의 집결로 이루어지지 않으면 안 된다는 사실을 분명히 했다.

또한, 이 회합에서 미군정에 대한 조선공산당의 태도를 묻는 기자단의 질문에 대해

독립촉성중앙협의회 1945년 10월 23일 좌·우익을 망라하는 각 정당 대표 200명이 모여 남한의 유일한 정치단체를 결성했다. 민족통일기관을 형성하기 위해 조직된 민족통일전선의 공동협의체로 중앙집행위원회 구성을 둘러싼 좌·우익의 갈등으로 분열되었다.

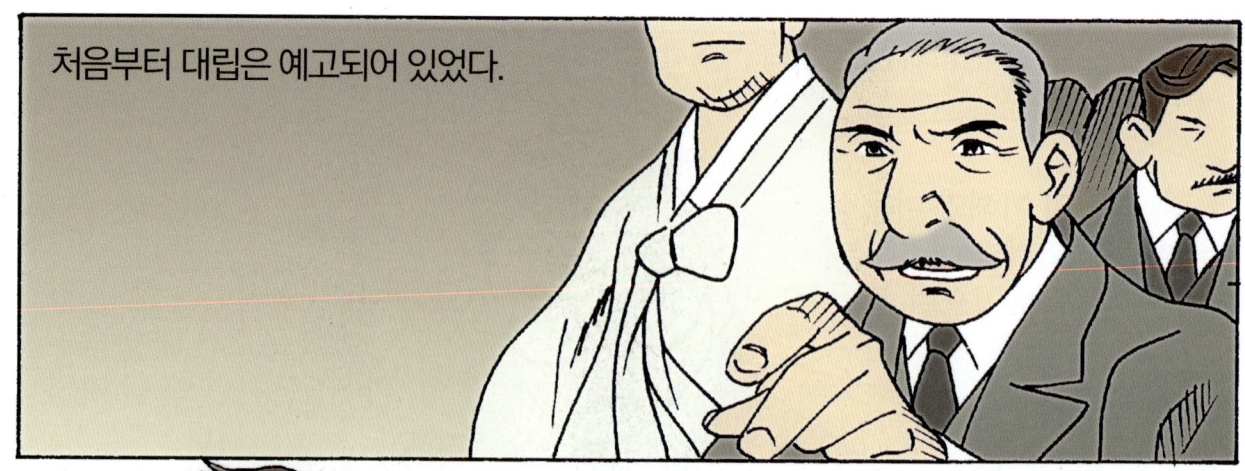

처음부터 대립은 예고되어 있었다.

명백히 다른 계급적 이해관계가 존재하는 자본주의 하에서,

더구나 미국과 소련이 이념의 잣대를 들고 지켜보고 있는 가운데 민족의 이름 아래 대동단결하자는 구호는

서로에게 분열의 책임을 떠넘기기 위한 정치적 수사에 지나지 않았다.

친일파 처리 문제, 토지제도 문제 등 도저히 화해할 수 없는 쟁점들로 가득한

두 세력의 합작이 그리 쉽게 이루어질 리 없었다.

양측은 "조선의 분단을 가져온 것이 열강"이라는 문구의 삽입 여부,

친일파 배격의 원칙을 어떻게 관철할 것인가 등의 문제로 사사건건 부딪쳤다.

11월 2일, 박헌영은 경운동 천도교당에서 열린 독립촉성중앙협의회 제2차 회의에 조선공산당 대표 자격으로 참석하는데,

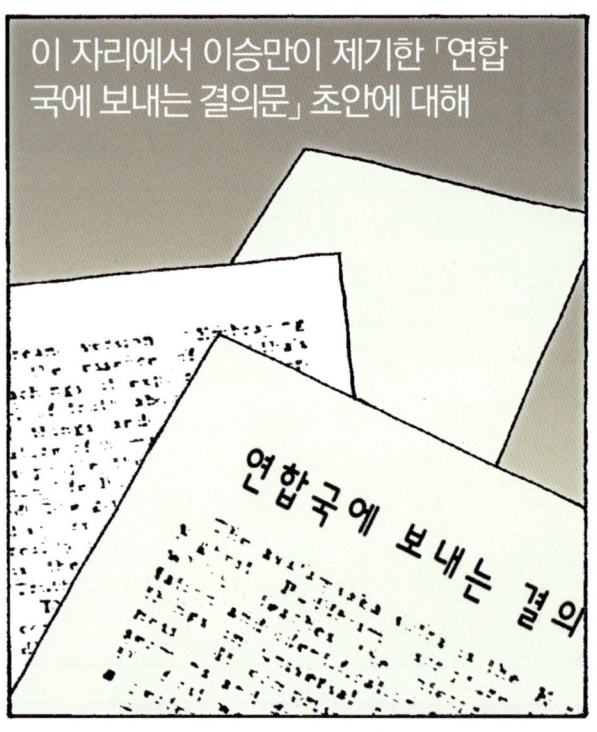

이 자리에서 이승만이 제기한 「연합국에 보내는 결의문」 초안에 대해

결의문 가운데 "조선의 분단은 우리들이 스스로 취한 것이 아니요,

열국이 강행한 것임을 이에 천명하지 않을 수 없다"라는 문구를 삽입하자는 의견을 냈다.

즉, 우리는 일본 제국주의 잔존세력의 철저한 청산과 친일파 민족반역자의 제거를 원칙으로 삼는다.

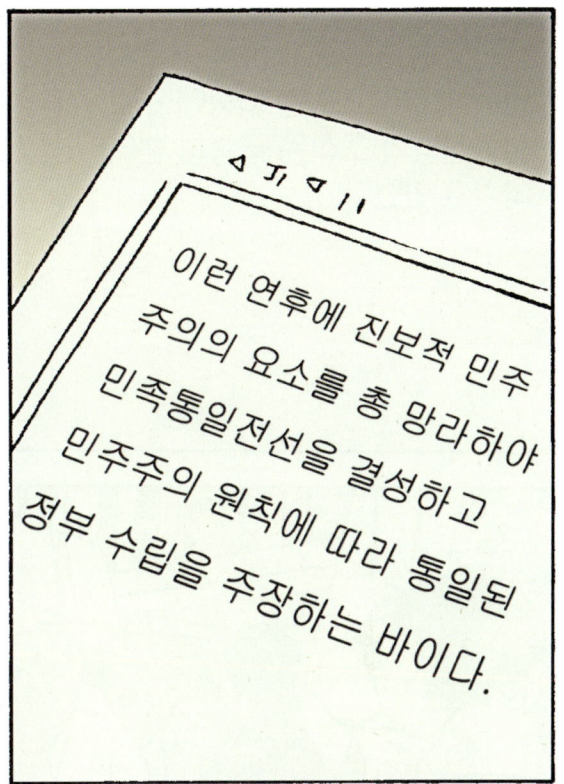

이런 연후에 진보적 민주주의의 요소를 총 망라하야 민족통일전선을 결성하고 민주주의 원칙에 따라 통일된 정부 수립을 주장하는 바이다.

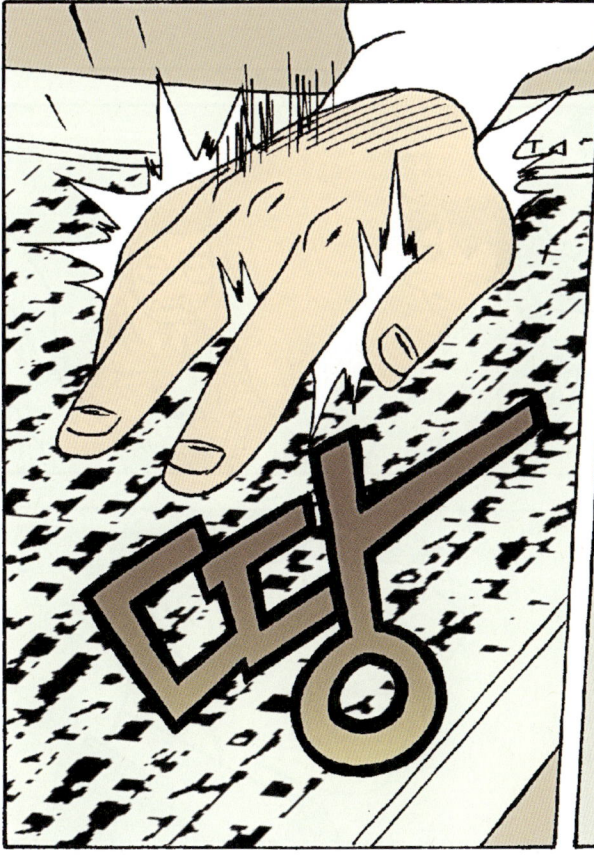

땅

끙~

박헌영이 민족통일전선 구축사업에 매달리고 있는 와중에도 조선공산당의 조직은 급속히 뻗어나가고 있었다.

11월 5일에는 한국 최초의 전국적 노조 연합조직인 조선노동조합 전국평의회(전평)가 결성대회를 개최했다.

전평은 10월 초 박헌영이 노동조합운동 지도자 7명과 만나

가급적 빠른 기간 내에 전국적인 규모의 노동조합 연합단체 창설을 부탁한 이후

한 달여 만에 결성된 전국 조직이었다.

결성대회는 5일과 6일 이틀 동안 서울 중앙극장에서 남북한 40여개 단체, 노동자 대표 50여 명이 참여한 가운데 개최되었다.

이 대회에 박헌영은 조선공산당 대표 명의로 「단결력으로 싸우자」는 축사를 보냈다.

이 축사는 김삼룡이 대독했다.

… 조선 노동계급은 더욱 굳게 전국적으로 단결하기 위하여 여기에 모인 것입니다.

여기 모인 여러분은 금일의 조선 노동운동을 대표하였을 뿐 아니라

과거 일본 제국주의 지배의 백색 테러 하에서도 용감히 싸워온 것임을 높이 평가하지 않으면 안 되는 것입니다.

이 대회에서 박헌영은 '조선 무산계급의 수령이자 애국자'로 칭송되었으며, 대회 명예의장단 가운데 한 사람으로 추대되었다.

또한 대회 참가자들은 박헌영 노선에 대해 절대 지지를 결의하기도 했다.

전평은 결성된 지 두 달여 만에 전국적으로 223개의 지부, 1,757개의 지방조합에 55만여 명의 조합원을 거느리는 미군정기 최고의 노동조직으로 성장하여

당시의 노동운동을 주도하게 된다.

11월 7일

국내에서 조선인민공화국을 조직하고, 주석으로 나를 뽑았다 하니……

나를 이만큼 생각해 주는 것은 감사하다.

그러나 나는 한국 임시정부에 복종하여 김구 씨를 옹호하여온 터이니

후~

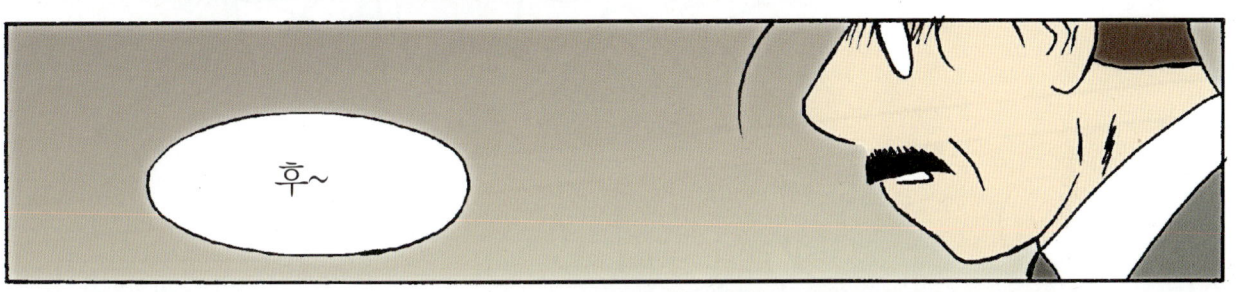

해방은 됐지만…
갈 길이 너무 멀구나…….

미군정

사회주의 계열

민족주의 계열

대립은 점차 표면화되었다..

해방된 지 채 몇 달도 되지 않은 남한의 정국은 점차 격랑 속으로 빠져들고 있었다.

4. 예고된 대립

일제 강점기 말까지도 수십만에 불과하던 서울 인구는

해방 후 급격히 늘어나고 있었다.

그 대다수는 지방에서 쫓겨 올라온 친일 경찰이나 일본군 출신들,

미군정과 거래하려는 상인들, 광산이나 어장을 소유한 친일파 부자들,

온갖 정당과 사회단체 관련자들이었다.

이런 현상은

서울은 친일 반역자들의 피난처요 안주지 낙원이다.

군정과 인민을 이간질함으로써만 이익을 볼 수 있는 매국매족적 이권업자들의 소굴이요,

정권을 아직도 광산이나 어장과 혼동하는 버릇을 버리지 못한 정치 브로커들의 담합처다.

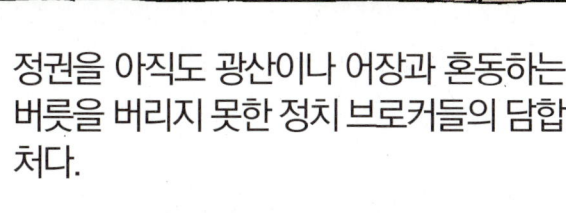

라는 말을 낳기도 했다.

더욱이 그들은 하나같이 자기야말로 애국자라고 강변하고 있었다.

그 많던 친일 매국노들은 죄다 사라지고 해방된 남한에 남은 것은 애국자들밖에 없었다.

부자들은 너도나도 비밀리에 독립운동 자금을 댔다고 주장했고,

친일 경찰도 자기는 사실 임시정부의 비밀요원이었다고 주장했다.

친일 행각을 벌여 온 대지주와 대자본가들이 다수 가담해 풍부한 자금원이 되어주었다.

한민당에는 애국자와 반역자의 경계 같은 것은 없었다.

있다면 자신들의 이권을 침해하려는 자와 이를 지켜주는 자만이 있었다.

그들은 「동아일보」, 「조선일보」 등 자신들이 소유한 보수언론을 동원해 사회주의 세력을 공격하는 한편,

인민위원회에 토지 국유화로 땅을 빼앗기고 내려와 경제적 기반을 잃은 증오심 가득한 북한 출신 청년들에게

생활비와 활동자금을 대주며 사회주의 세력에 대한 물리적 공격을 준비해나갔다.

대학가에는 많은 월남 청년들이 그들로부터 장학금을 받아 공부하면서

강력한 폭력집단을 형성해나갔다.

세계사에 유례가 없는 대학생 깡패들의 등장이었다.

이러한 북한의 유랑민들과 함께 일제 강점기부터 종로 바닥에서 깡패 노릇을 해온 김두한의 부하들이며,

목숨을 바쳐 공산당으로 부터 나라를 구하자!

이철승 같은 우익 학생들이 반공의 깃발 아래 모여들었다.

대한청년단, 건국청년회, 마포청년회.

자신들에게 돈을 대주는 한민당과 이승만의 집권에 장애가 되는 모든 세력에 폭력을 휘두르기 시작했다.

폭력단보다 더 강력한 무기는 언론이었다.

항일 민족주의 세력에 대한 은근한 폄하를 통해 친일파들의 복권을 주도했다.

김성수의 「동아일보」와 방용모의 「조선일보」는 사회주의 세력에 대한 일방적인 매도와

충분한 자금력을 바탕으로 전국에 배포된 이 신문들은

일반 대중의 친일파에 대한 적개심을 빠르게 희석시켜나갔다.

이 무렵 이승만은 입만 열면 어눌한 한국어로 "뭉치면 살고 흩어지면 죽는다"고 떠들고 다녔다.

친일파와 부자들을 기반으로 한 한민당으로부터 막대한 금전 지원을 받고 있어

돈줄을 보호하기 위함이었다.

명분이나마 항일투쟁 40년이라는 이승만이 친일 행위로 미움을 받던 부자들을 적극적으로 끌어안은 것은

궁극적으로 이념이 같았기 때문이지만 우선은 돈 때문이었다.

그는 일제 강점기 세계여행을 하다가 하와이를 방문한 허헌과 허정숙 부녀에게

시종 돈이 없다고 죽는 소리를 해 남은 여비를 몽땅 털어간 일도 있었다.

부잣집 딸을 아내로 둔 이강국이 방문했을 때도 마찬가지였다.

해방 후 이승만을 찾아간 이동하, 김창숙 등 민족주의 정치가들은

돈이 있느냐?

돈도 없이 무슨 정치를 하려 하느냐?

이들은 충고 아닌 충고를 듣고 크게 실망하고 분개하기도 했다.

이승만은 더럽든 깨끗하든 상관 없이 긁어모은 돈으로 사람들을 매수해 자기 수하로 부리는 버릇을 죽을 때까지 버리지 못했다.

1945년 11월 13일

이쪽으로……

박헌영과 하지의 첫 만남은 형식적이나마 좋은 말로 마무리되었으나

이날 미군정 장관 아놀드 소장과의 첫 만남은 다시 첨예한 대립으로 시작되었다.

공산당은 중단된 공장을 노동자들이 자주적으로 운영하도록 하기 위해 공장위원회를 만들라는 지침을 내렸다.

이에 따라 공장마다 공산당원이 배치되어 노동자를 조직하고

공장을 재가동하는 자주관리운동이 활발히 전개되었다.

11월 5일에 결성한 전평의 일차적인 과제도 공장자주관리에 두었다.

문은종 등 전평의 일부 간부들은 우선 산업의 복구와 건설이 시급하므로 자본과 협력해야 한다는 의견을 내놓기도 했다.

박헌영은 노동조합이 직접 회사를 운영하면 자본가와의 차별성을 잃고 체제 흡수적이 될 것을 우려하여

노동조합과 공장위원회는 서로 섞이면 안 되며, 공장위원회에는 기술자, 전문관리직 등이 들어가도 좋다고 충고하기도 했다.

그러나 이런 여러 가지 의견이 채 정리되고 공식화되기도 전에

많은 공장들이 원료와 기술의 부족으로 문을 닫거나

아니면 미군정에 의해 조선인 자본가들에게 불하되어버렸고

노동자들은 곳곳에서 파업농성으로 이에 맞섰다.

미군정 장관 아놀드는 박헌영과 마주 앉자마자 노동자들의 파업행위를 비난했다.

면담은 군정청장 아놀드가 비판할 일이 있으면 신문에 알리기 전에 자신에게 직접 말해달라고 부탁하는 것으로 끝났다.

시종 서로에 대한 적대감을 드러낸 면담은

그대로 속기록에 남았다.

이틀 후에는

미군 사령관 하지가 재차 면담을 요청했다.

이 자리에서 하지는 미군정의 시책들을 설명하고

인민위원회의 정부적인 성격을 없애고 하나의 정당으로 잔류해달라고 제안했다.

박헌영은 미국이 한국의 독립을 위해 군대를 파견했음을 잘 알고 있다고 전제하고

그러나 개별 사안에 대해 미군정이 한국의 현실을 제대로 이해하지 못하는 것을 지적하지 않을 수 없다고 일침을 놓았다.

나아가 미군정이 특정 정당이나 정파만을 일방적으로 지지하지 말고 모든 정당을 공평하게 대해줄 것을 요망했다.

인민위원회의 해산을 거부한 것이었다.

미군정은 최종 제안이 거부된 이 날을 고비로

인민위원회를 강제 해산하기로 결정한다.

박헌영은 이승만과 두 번째 회담을 갖는다.

다음날인 11월 16일

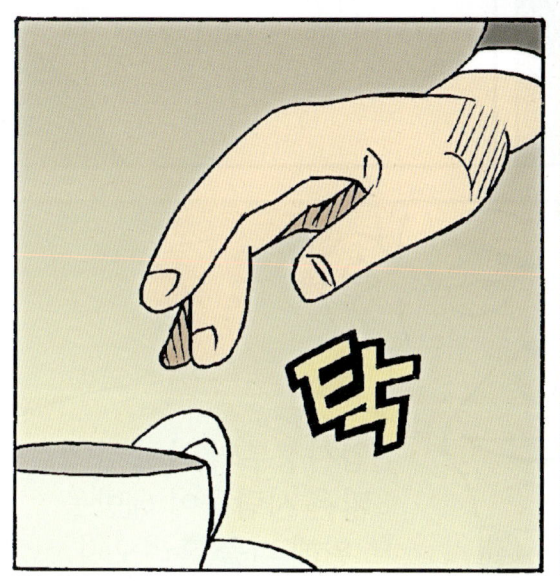

먼저, 박헌영은 이승만이 11월 7일 인민공화국 주석 취임을 거절한다는 방송을 언급하고 나서

라디오 방송 잘 들었습니다.

중경 임시정부 지지를 표명한 데 대해 항의했다.

그냥 할 말을 했을 뿐입네다.

라디오 방송 연설에 의하면 박사님께서는 중국의 임시정부를 전폭적으로 지지한 반면

조선인민공화국에 반대하는 입장을 표명했습니다.

친일 매국노 처리는 화해할 수 없는 문제였을 뿐 아니라

박헌영과 이승만을 가르는 결정적인 문제였다.

며칠 후인 1945년 11월 20일

서울 천도교 대강당에서는 사흘간 전국 인민위원회 대표자 대회가 열렸다.

전국 각지의 인민위원회는 미군정의 탄압과 우익의 방해에도 불구하고 해방 후 반년 가까이 활동을 계속해오고 있었다.

대표자 대회 참가자들은 "사회주의 소비에트 공화국 외에는 완전한 민주주의 국가가 없다. 다른 나라들은 대재벌이 지배하는 민주주의다"라고 선언했다.

재정부장 정태식은 보고에서

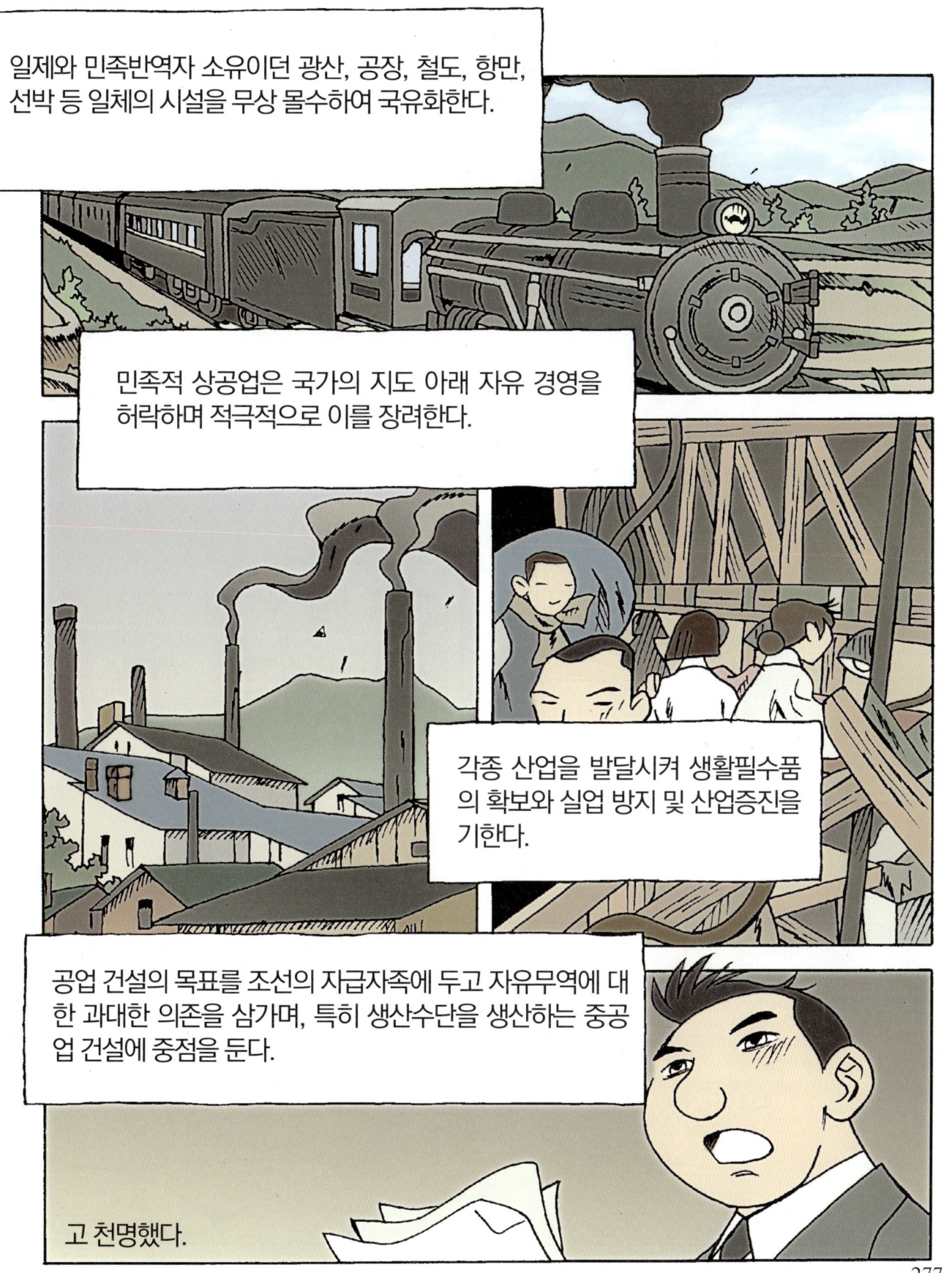

1945년 말 조선공산당의 당원 숫자는 1만 5천 명에 불과했지만

일제 강점기부터 항일운동과 사회운동을 해온 이들의 영향력은 매우 커서

전국 각지에서 인민위원회를 이끄는 결정적인 역할을 하고 있었다.

그러나 미군정이 인민위원회를 토대로 세워진 남한의 인민공화국을 소련의 지시를 받는 불법단체라고 규정하고,

이는 북한에서 인민위원회가 널리 활성화된 것과 대조적이었고, 미국에 대한 반발에 불을 붙이는 계기가 되었다.

해방되고 수개월 사이에 남한에서 벌어진 이러한 복잡한 일들은 장차 일어날 모든 격변의 단초들을 제공하고 있었다.

이런 가운데 1945년 11월 23일, 반공·보수 일색으로 이뤄진 중경 임시정부의 마지막 내각 요인들인 김구, 김규식, 이시영, 유동열 등이 귀국했다.

항일투쟁의 공과와 정통성을 놓고 공산당과 경쟁이 될 만한 단체는 임시정부 출신들이었다.

중경 임시정부에 대한 조선공산당의 태도에 대해

임시정부가 오랫동안 활동해왔음에도 불구하고 한국 민중과 아무런 실제 연관도 갖지 못하고 있기 때문에

정부로 인정할 수 없다고 대답했다.

그리고 12월 12일자로 발표된 「망명정부에 대하여」라는 제목의 성명에서

상해 임시정부 세력이 민족통일전선을 촉진하기는커녕 분열시키고 있다고 규정했다.

그들은 망명정객으로서 국내에 들어와서 벌써 여러 날을 지냈음에도 불구하고

마땅히 할 일은 안 하고 쓸데없는 일에만 몰두하고 있다.

망명정부가 일종의 임시정부인 것처럼 선전운동에 전력을 경주하고 있는 것은

통일을 위한 노력이 아니라 도리어 분열을 조장하는 행동이라 아니 할 수 없다.

박헌영은 또한 통일정부 수립을 제안하고 있는 국내의 진보적 세력과 손잡는 데 노력을 아끼지 말아야 할 것임에도 불구하고

완고만을 주장함은 감히 통일을 위하여 유감스러운 일이라 비난했다.

박헌영 개인적으로는 임시정부 인사들을 애국자라고 존중하여 소련 영사관 도서관장이던 샤브시나 콜리코바와의 대화에서

"그들은 애국자였고 나라의 독립을 위해 노력했다. 그들에게서 이것을 빼앗아 갈 수는 없다"고 말하기도 했지만

개인적인 존경심과 정치적 경쟁을 혼동할 수는 없었다.

임시정부 요인들의 불행은 공산당으로부터 비롯된 것은 아니었다.

공산당의 비판이 아니더라도 미군정은 김구와 임시정부에 대해 호감을 갖지 않고 있었다.

한민당 역시 자신들의 강력한 경쟁 상대일 수밖에 없는 임시정부 세력을 극도로 경계했다.

이승만과 한민당은 김구 세력을 테러주의자 또는 국수주의자로 몰아세우며 미워했다.

일제 강점기 하에서 타협하는 민족주의 세력이던 한민당과

투쟁하는 민족주의 세력이던 임시정부의 차이가

해방 후에도 그대로 재현된 것이다.

임시정부 요인들이 귀국한 날인 11월 23일

박헌영은 소공동 근택빌딩에 정식으로 조선공산당 간판을 걸고 당사에 첫 출근했다.

이날 박헌영을 비롯한 여러 간부가 근택빌딩에 나왔지만

요란한 현판식 등의 절차는 없었다.

하급당원 두세 명이 조선공산당 간판을 내다 걸었을 뿐이었다.

조선공산당사인 근택빌딩은 해방 후 서울에서 가장 좋은 건물의 하나였다.

일제 강점기에는 일본인 소유의 건물로서

근택인쇄소가 입주해 조선은행권을 발행하던 곳이었다.

해방 후에도 일본 헌병이 경비하는 가운데 9월 초까지 계속 지폐를 인쇄하고 있었다.

조선공산당이 근택빌딩을 접수한 것은 조선은행권 인쇄가 중지된 9월 상순이었다.

1층은 인쇄소, 2층은 중앙당 사무실,

3층은 「해방일보」 사무실, 4층은 잡지 「동무사」에게 월세를 받고 임대했다.

이제 본격적으로 공개적인 대중정치의 시대가 열린 것이다.

그러나 박헌영은 여전히 조선공산당 사무실에 나오는 날이 드물었다.

어쩌다가 한 번씩 여맹 부위원장 정칠성의 아들인 이동수가 운전하는 검정색 승용차를 타고 나타났는데,

중앙당 사무실보다「해방일보」사장실에서 권오직, 정태식, 조두원 등과 한가한 듯 담소하다가 돌아가는 경우가 많았다.

당의 주요 활동은 비밀리에 이뤄지고 있어 공개된 당사에서는 할 일이 별로 없던 탓이었다.

선생님!

이걸 좀 보십시오.

?

농민을 대변할 명실상부한 남북한 최대의 농민 조직으로 부상했다.

결성대회에는 조선공산당을 대표해 이현상이 축사를 했다.

농민은 조선 해방을 위하여 끝까지 싸우자!

전농은 13개 도에 도연맹, 군 단위에 188개 지부, 면 단위에 1,745개 지부를 두고

조합원 약 330만 명으로 구성되었는데

전국노동조합 전국평의회(전평)와 더불어 조선노동당의 가장 거대한 규모의 대중적인 조직이 결성된 것이다.

12월 11일에는 또 하나의 대중조직인 조선청년총동맹이 결성되어 활동에 들어갔다.

조선청년총동맹

결성대회는 11일부터 13일까지 사흘간 계속되었다.

이 대회에서 박헌영은 미켈슨(미국인), 여운형, 김일성, 무정, 김원봉 등과 더불어 명예의장으로 추대되었다.

1945년 12월 19일

미군 사령관 하지 중장의 초청으로 군정청으로 가서 하지 중장을 방문하고 장시간 회담했다.

박헌영은 하지 중장과의 회견에 앞서 12월 11일 미군정청 본관에서 아놀드와 두 번째 회견을 가진 바 있는데,

이 자리에서 아놀드는 각 정당, 사회단체의 대표자들로 구성되는 민족의 원을 구성할 계획임을 설명하고

그를 위해 조선공산당이 협력할 것을 요청한 일이 있었다.

이 요청에 대해 박헌영은 친일분자를 제외한 모든 정치세력의 통일전선을 성취하기 위해 노력하고 있으나

우익의 반대로 결성되지 못하고 있다고 주장한 뒤

민족의원의 위상이 미군정청의 하부 기관인지

아니면 앞으로 민족정권의 수립을 위한 기초적 성격을 지니는지를 물었다.

이에 대해 아놀드는 확답을 피한 채 수립의 시급성을 다각도로 강조했다.

그렇기 때문에 미군 사령관 하지 중장과의 이 면담은 통일전선 문제에 관한 사회주의 세력의 입장을 명확히 정리하는 자리라 할 수 있었다.

친일파와 민족반역자를 제거하고 민족통일전선을 수립해야 하며

그들이 다시는 정치 무대에 서지 못하도록 해야 하오.

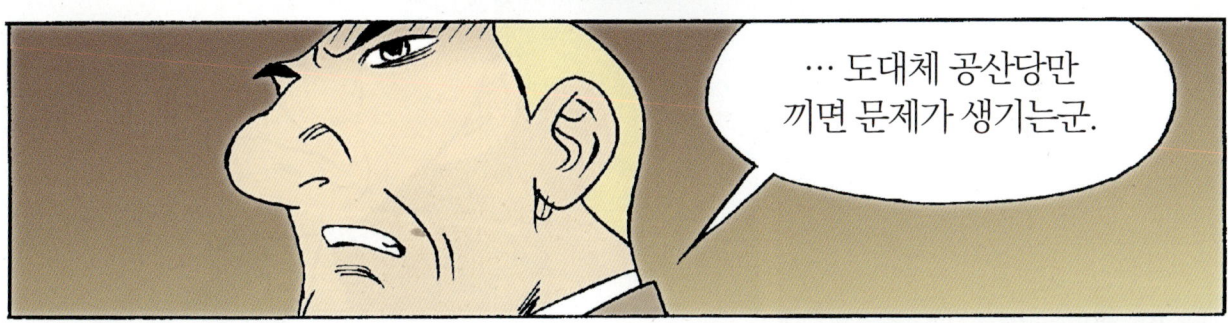

하루 뒤인 12월 20일 이승만의 대공산당 선전포고로 이어졌다.

이승만은 「공산당에 대한 나의 입장」이라는 성명서를 발표하여 조선공산당과 완전한 절연을 선언했다.

빵

라디오를 통해 방송된 이승만의 성명은 극우파들의 사고체계를 상징적으로 보여주었다.

온 세계를 파괴하는 자도 공산주의자요

조선을 파괴하는 자도 공산주의자이다.

이에 대한 박헌영의 개인 성명은 너무나 점잖고 현학적이었다.

이 박사가 귀국한 후 지금까지 전후일관되게 놀랄 만한 열의로써 주도하고 행동한 것은 무엇이었던가?

대동단결이라는 미명하에 민족반역자, 친일파를 적극 옹호하여

그의 주변이 이 친일파, 민족반역자를 집결하기에 힘쓴 것뿐입니다.

… 이리하여 이 박사는 민족반역자 및 친일파들의 '주구'가 되는 동시에

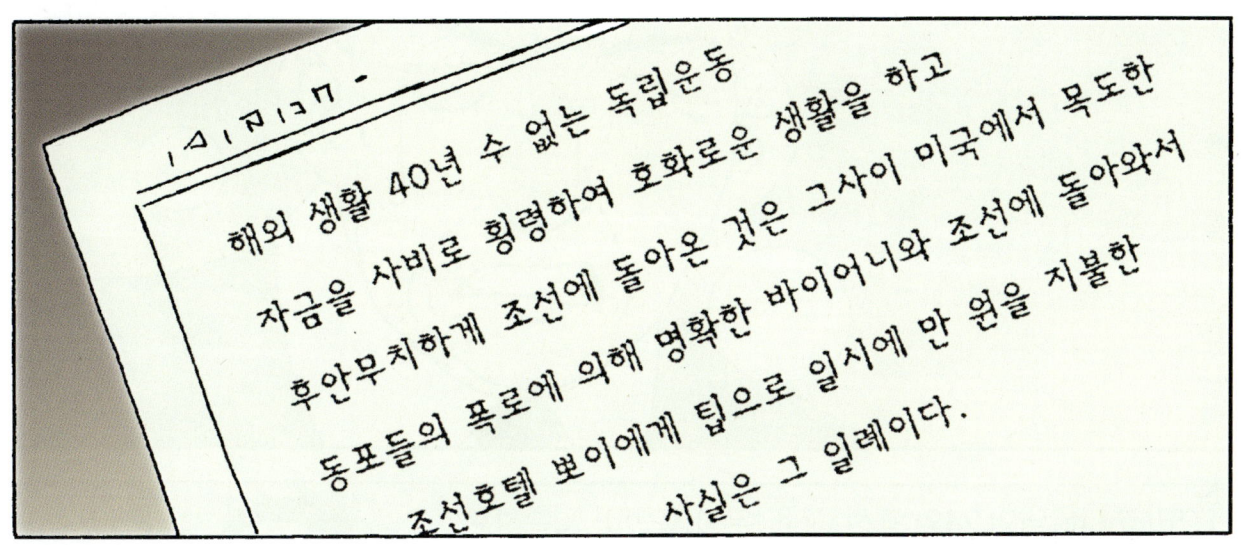

해외 생활 40년 수 없는 독립운동 자금을 사비로 횡령하여 호화로운 생활을 하고 후안무치하게 조선에 돌아온 것은 그사이 미국에서 목도한 동포들의 폭로에 의해 명확한 바이어니와 조선에 돌아와서 조선호텔 뽀이에게 팁으로 일시에 만 원을 지불한 사실은 그 일례이다.

돈암장에서 수많은 호위병을 거느리고 봉건무후의 생활에도 비견할 수 있는 호화사치의 생활을 취하기 위하여 군정청에 아첨하여 이권함으로써 간상배 같은 행동으로써

민족의 자금을 강제 징수하여 이 자금을 낭비하는 죄상 등은 실로 낱낱이 들어 거론하기 곤란하다.

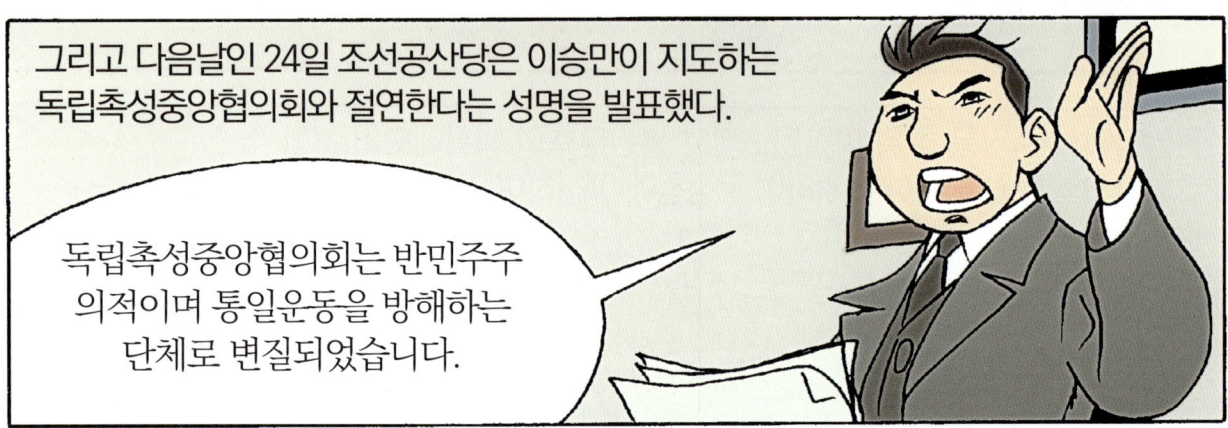

5. 저물어가는 해방의 해

한국 역사상 최악의 오보사건이라 할 수 있는 모스크바 3상회의 관련 기사를 1면에 실은 석간 동아일보가

점심시간을 지나 서울 시내 거리 이곳저곳에 뿌려졌다.

동아일보요!

동아일보!

3상회의에서 조선의 신탁통치 결정!!

열세에 몰렸던 우익이 정권의 주도권을 쥘 수 있는 사건이

모스크바 3상회의 1945년 12월 16~25일에 소련의 모스크바에서 미국, 소련, 영국의 외무장관이 모여 7개 의제를 토의했다. 이때 한국에 임시민주정부를 수립하고 이 정부와 연합국이 최장 5년 동안 신탁통치를 할 수 있다는 결정서에 합의했다. 미국은 제2차 세계대전 내내 한국에 대한 신탁통치 기간을 30년으로 주장해 소련과 영국이 반대해왔다.

해방되던 해 연말에 시작되었다.

해방 후 사회주의 진영에 대한 민중의 절대적인 지지를 우익으로 돌리게 만든 치명적 사건으로

나라가 안정될 때까지 몇 개 강대국이 공동으로 한국을 관리하자는

이른바 신탁통치에 관련된 소동이었다.

동아일보 기사에는 미국이 한국의 즉각 독립을 주장한 반면,

소련이 38선 분할 점령을 위해 신탁통치를 주장했다는 내용의 기사가 쓰여 있었다.

명백한 오보였다.

이 오보로 인하여 한반도에서는 찬탁파 (정확히는 모스크바 3상회의 지지)와

반탁파의 갈등이 폭발하게 되었으며

오보의 영향은 한반도 분단 으로까지 이어지게 된다.

신탁통치안이 이때 갑자기 거론된 것은 아니었다.

반탁(신탁통치 반대운동) 1945년 12월 27일 『동아일보』가 "한국에 대해 신탁통치할 수 있다"는 모스크바삼상회의의 합의내용을 "신탁통치를 실시하게 되었다"고 오보를 내면서 우익에 의한 반탁운동이 시작되었다. 좌익은 "동아일보의 보도가 사실이라면"이라는 단서를 달아 신탁통치에 대한 반대 입장을 취했다.

해방되기 전부터도 미국 정부는 한반도를 신탁통치하자는 안을 내놓고 있었고

이는 해외의 독립운동가들에게 잘 알려져 있었다.

격렬히 반대 입장을 밝힌 바 있었다.

일제 강점기 말 중경에 있던 임시정부 요인들은 신탁통치안의 다른 표현인 '국제공동 관리론'이 제기될 때마다

해방 후에도 신탁통치 문제를 먼저 거론한 것은 미국이었다.

1945년 10월, 미국은 최소 20년 이상 여러 강대국이 한반도를 공동관리하자고 제안했다.

이는 10월 25일 미 국무성 극동국장 빈센트가 조선에 신탁통치를 실시할 예정이라고 발표함으로써 드러났다.

이에 민족주의, 사회주의 세력 할 것 없이 맹렬히 반대의사를 밝혔다.

그러나 미국은 고집을 꺾지 않았다.

전후 문제 처리를 위해 모스크바에서 열린 미·영·소 3개국 외무장관 회의에서 거듭 조선에 대한 신탁통치를 주장한 끝에

12월 28일자로 5년 후견제 합의를 이끌어냈다.

신탁통치를 탐탁지 않게 생각하던 스탈린이

25년을 5년 후견제로 줄이는 것으로 합의를 해준 결과였다.

이 합의는 영국이 5년 후견제에 동의하면서 이뤄졌다.

이날 정오 3개국 외무장관은

첫째, 임시 조선 민주주의 정부를 조선인으로 구성한다.

둘째, 미국과 소련의 공동위원회를 조직하여 조선의 민주적인 정당 및 사회단체와 협의한다.

셋째, 최고 5년을 기한으로 한반도에 대한 미·소·영·중 4개국의 신탁통치 협약을 1항에 언급한 '조선 임시정부'와 협의하여 4개국에 제출한다.

이러한 내용이 담긴 3상 협상안을 발표했다.

곧바로 후견제에 들어가겠다는 것이 아니라, 일단 38선을 없애고

조금만 세심히 살펴보면 즉각적인 후견제를 의미하는 것은 아님을 알 수 있었다.

남북한을 통틀어 한반도에 조선인에 의한 단일한 임시정부를 세운 후,

후견제 여부를 이 임시정부와 협의하겠다는 내용이었다.

이렇게 되면 분단된 남북은 일단 하나로 통일되며

임시정부가 요청할 경우 5년 이하로 미·소·영·중 4개국의 후견제를 받을 수 있는 것으로

반드시 후견제를 하겠다거나 다시 강대국의 식민지가 된다는 내용은 아니었다.

이 결정은 현실적으로 미국과 소련이라는 양 강대국에 의해 분할되어버린 한반도가

큰 혼란 없이 통일될 수 있는 방법이라고 볼 수 있었다.

당시 오스트리아는 10년 후견을 받아들였고,

오스트리아 임시정부를 수립한 뒤 10년이 지나 중립국으로 완전한 독립을 이뤘다.

그러나 일제 강점기 40년간 식민지 삶에 넌덜머리가 난 조선인에게는

4개국이 공동으로 통치하겠다는 부분만 귀에 들어왔다.

거리는 반탁시위의 물결로 넘쳤다.

사회주의 세력은 이번에도 민족주의 세력보다 빠르게 강력하게 신탁 통치를 반대하고 나섰다.

박헌영은 즉각 선전부장 정태식 명의로 성명서를 발표하도록 했다.

남한의 공산당이 후견제에 대한 반대운동에 나섰다는 보고를 받은 소련은

즉각 이를 시정하라는 훈령을 보내왔다.

소련 부영사 샤브신은 서둘러 박헌영을 영사관으로 불렀다.

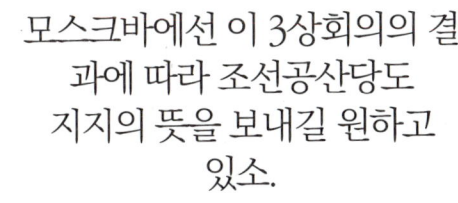

박헌영은 경성제대 교수 김태준, 숭실전문 교수 박치우, 보성전문 교수 최용달, 인민공화국 교통국장이던 이순근 등과 함께

삼팔선을 넘어 평양으로 향했다.

김일성은 주영하, 김용범, 박정애, 허가이 등 조선공산당 북조선 분국 간부들과 함께

평양 교외까지 나와 당 중앙을 영접했다.

석달 전인 10월 8일 박헌영이 참석한 조선공산당 북조선 분국 설립 문제 협의를 위한 조선공산당 남북요인회의는

한국전쟁 이전 38도선 아래 남한 지역이던 개성 근처 38선 경계 지역인 소련군 38경비 사령부에서 열렸던 탓에

박헌영에게는 첫 북한 방문이었다.

박헌영이 남한 최고 지식인이자 항일투쟁의 전력도 화려한 인물들을 대동한 것은

의도적인 것은 아니었다.

왜냐하면 서울의 조선공산당 중앙당에는 공산주의운동에서 말하는 기본계급인 저학력 노동자 출신이나

10년 이하 감옥살이를 한 이들은 찾으려야 찾기가 어려웠기 때문이다.

이 무렵, 공산당원의 80퍼센트가 양반 출신 지식인이라는 말은 과장이 아니었다.

반면, 김일성이 대동하고 나온 사람 중 남한 대표들과 격이 맞는 인물은

경성제대 출신 주영하뿐이었는데 국내파인 그는 내면적으로 오히려 박헌영과 가까운 인물이었다.

김용범은 농업노동자였고, 허가이는 소련에서 트랙터 운전을 하던 인물이었다.

김일성을 포함한 다른 이들의 학력은 더 낮았다.

이는 의도하지 않았을지라도 의미심장한 일이었다.

북한이 해방되자마자 어려운 한자를 폐기하고 한글을 전용하게 한 반면

대개 고급 지식인으로 이뤄진 남한의 빨치산들은 한국전쟁 중에도 온통 한문으로 된 보고서를 주고받는 게 보통이었다.

계급과 학벌에 의한 이 신분적 이질감은

북한 출신들이 남한 출신들을 경원시하고 경계하는 원인 중 하나가 되었다.

첫 번째 방문이다 보니 박헌영에 대한 예우 문제가 불거지기도 했다.

박헌영을 영접하러 온 김일성은 인사를 마친 후 자기의 승용차를 타고 가버렸는데

박헌영을 위한 승용차는 준비되어 있지 않아 소련군 지프를 타고 시내로 들어가야 했다.

이에 솔직담백한 성격인 최용달이 총비서에 대한 예우가 이게 뭐냐고 따졌다.

또 분국 협의회 때도 박헌영의 자리는 상석이 아니라 방청석에 마련되어 있었다.

이번에는 김태준이 조선 공산당 총비서에 대한 예우가 아니라고 따졌다.

반면, 박헌영은 자신을 맞이하러 온 북조선 분국의 지도자들을 '동지'라 부르지 않고 '동무'라고 불러 불만을 샀다.

사실 인간 평등을 지향하는 사회주의에서 '동무'와 '동지'를 차별하는 것은 부당했다.

남한의 포스터나 구호에도 박헌영을 동무라 호칭하는 게 보통이었다.

하지만 스탈린주의에 익숙한 소련파들은 권위 있는 호칭인 '동지'로 불리기를 원했고

박헌영이 자신들을 무시했다고 생각했다.

의전상의 문제들은 사소한 실수에 불과했다.

김일성은 박헌영을 호텔이 아닌 자신의 집에서 묵도록 했다.

김일성의 처 김정숙은 박헌영이 들어오자 재래식으로 큰절을 올려 박헌영을 당황하게 만들기까지 했다.

김정숙은 박헌영을 위해 회령 지방의 전통음식인 회령식해를 만들어 대접했다.

미식가인 박헌영은 남한에 내려와서도 참으로 맛있게 먹었다고 술회하곤 했다.

첫 방문에서 일어난 의전 문제는 다음번에는 대부분 고쳐졌다.

김일성은 이후 박헌영이 삼팔선을 넘어 평양에 올 때마다 총비서직에 걸맞은 예우를 하도록 했고

박헌영도 북쪽의 지도자들을 '동지'라고 호칭하여 기분 상하는 일이 없도록 했다.

삼팔선 이북이던 강원도 양양 출신으로, 박헌영을 수행하며 예우 문제를 따졌던 최용달은

자신의 지역이기도 한 북한에 그대로 눌러앉아 북조선 임시 인민위원회 사법국장이 되었다.

와세다대학교 정치경제학과 출신으로 이관술과 오랫동안 활동해온 이순근도 함께 북한에 남았다.

박헌영이 법학 전문가인 최용달과 이순근을 북한에 남긴 것은

전문인력이 부족한 김일성을 도와 헌법을 비롯한 각종 법률을 기초하도록 하기 위함이었다.

평양에서도 모스크바 3상회의의 결정은 좌·우익을 가르는 중대사안이었다.

소련군정은 신탁통치가 아니라 후견이라며 설득했으나,

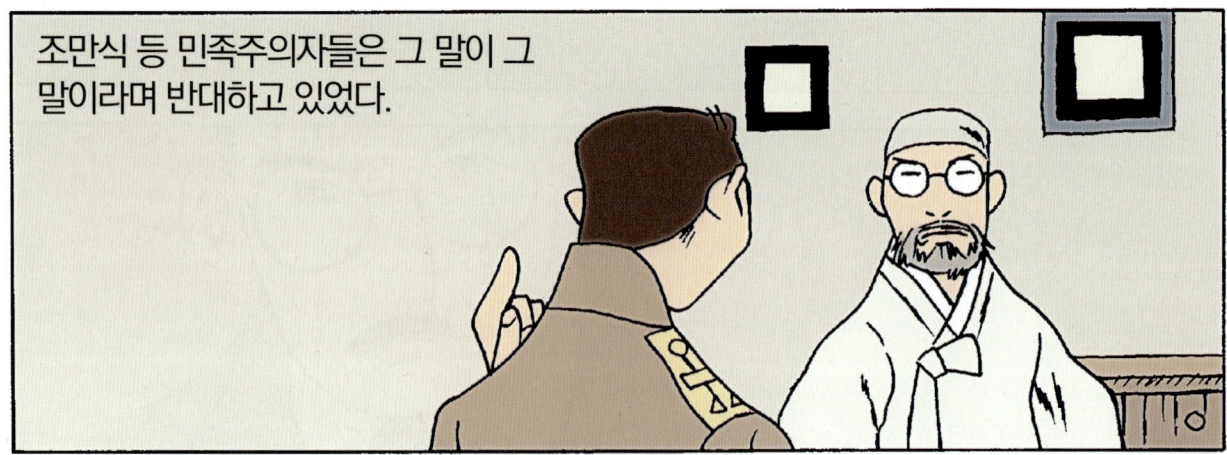
조만식 등 민족주의자들은 그 말이 그 말이라며 반대하고 있었다.

소련군정은 조만식이 입장을 바꾸기만 하면 그를 대통령으로 옹립하고,

김일성에게는 군부만 맡기겠다는 파격적인 제안까지 했으나 완강히 거절당했다.

끝내 고집을 꺾지 않은 조만식은 평양 고려호텔에 연금되었다.

북한은 내외 방문객에게 조만식이 고급 호텔에서 좋은 대접을 받고 있다고 선전했지만

12월 29일, 평양

박헌영은 북조선 분국 간부들과 회견한 데 이어

30일에는 도착한 지 얼마 되지 않는 연안파 사람들을 만나고

소련군정 사령부에 가서

군정 관계자와 상견례를 가졌다.

박헌영은 당시 고려호텔에 연금되어 있던 조만식과도 만났는데,

잇따른 회동에서 매번 서울의 조선공산당 중앙당이 왜 반탁운동을 하게 되었는가를 설명해야만 했다.

30일 오후에는

박헌영이 자리를 비운 며칠 사이

남한의 조선공산당은 반탁운동에 바빴다.

12월 30일에는 안국동에 있던 서울시 인민위원회 사무실에서 이현상의 사회로 '반파쇼 공동투쟁위원회'를 발족하고

신탁통치안 철폐 요구 성명서까지 발표했다.

조선공산당 서울시위원회는 다음날인 12월 31일

신탁통치는 우리 민족의 치욕이며 민족반역자와 친일파들의 책동에 의한 것이므로 즉각 반대투쟁에 돌입해야 한다고 성명했다.

미군정

좀 쉬면서 새로운 해를 맞이하는 게 어떻겠소?

그래……. 「동아일보」 기사만 보고 너무 흥분했군…….

그보다 「동아일보」가 사실과 다른 그런 오보를 대서특필한 이유가 뭘까……?

조선 독립을 위한 결정이라면 당 사람들도 반대는 안 하겠지.

전날 경교장에서 회의가 있었는데, 신탁통치에 관해 임시정부 요인들과 의견 차이가 있었다고 합니다.

해방은 끝이 아니었다.

참혹한 전쟁이 끝난 후에도 세계는 좌우익의 이념 대립으로 더욱 차가운 대립과 증오의 시대로 접어들고 있었다.

반공의 기치를 내세움으로써 미군정의 보호 아래 권력을 장악한 친일 경찰과 자본가들,

그들에게 고용된 폭력 테러단과 언론……

그들에게 사회주의 세력을 공격하여 대세를 역전시킬 수 있는 절호의 기회가

서서히 다가오고 있었다.

… 해방의 해가 저물고 있었다.

이야기는 계속됩니다.

출간에 도움을 주신 분들

각현스님(연꽃마을 이사장)
강신옥(변호사)
김중권(화가)
김도현(정치인)
김동국(해남종합병원 원장)
김동섭(해남종합병원 이사장)
김동춘(역사문제연구소 소장)
김병화(전 한양여대 교수)
김상철(전 민예총 사무총장)
김성동(소설가)
김세균(서울대 명예교수)
김용태(전 민예총 이사장)
김윤기(서울 민미협 회장)
김정기(전 서원대 총장)
김정남(한국문명교류연구소 이사장)
김종철(전 언론인)
김지하(시인)
김판수(사업가)
노경래(법무법인 화우대표)
대원스님(각원사 주지)
도후스님(낙산사 주지)
박영숙(사업가)
박재동(한국예술종합학교 교수)
박재란(이정기념사업회 총무)
박호성(서강대 교수)
서중석(전 성균관대 교수)
성관스님(수원사 주지)

성대경(전 성균관대 교수)
성월스님(용주사 주지)
성주스님(경기 경찰청 경승고문)
성직스님(불교신문 사장)
세영스님(수원사 주지)
손호철(서강대 교수)
손석춘(새로운 사회를 여는 연구원 원장)
송기원(소설가, 중앙대 초빙교수)
송호창(국회의원)
신경림(시인)
안재성(소설가)
안종관(희곡작가)
양승태(이화여대 교수)
여운(화가)
여태명(원광대 교수)
염무웅(문학평론가)
오종우(희곡작가)
원경 대종사(조계종원로의원)
유병윤(만화가)
윤해동(성균관대 연구교수)
이도윤(시인)
이병창(가승미디어 대표)
이부영(정치인)
이시영(시인)
이이화(역사학자)
이택휘(전 서울교대총장)
이해찬(전 국무총리)

일면스님(호계 원장)
임경석(성균관대 교수)
임동석(건국대 교수)
임옥상(화가)
임재경(언론인)
임진택(공연 연출가)
임헌영(문학 평론가)
임혁백(고려대 교수)
임현진(서울대 교수)
자승스님(대한불교조계종 총무원장)
장두환(전 역사비평사 대표)
장명호(전 아리랑TV 사장)
장선우(영화감독)
장효백(이정기념사업회 사무장)
정완스님(청용사 주지)
종상스님(경주 불국사 관장)
종호스님(제석사 주지)
지선스님(백양사 총림방장)
청우스님(낙가사 주지)
최갑수(서울대 교수)
최민(시인)
최상룡(전 주일대사)
최희완(동아대 교수)
허유(화가)
황석영(소설가)

ⓒ 이정기념사업회(박병삼)

※ 이 책의 그림을 포함한 모든 저작권은 이정기념사업회(박병삼)에게 있습니다.

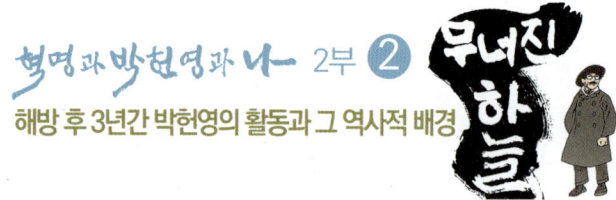

발행 | 2021년 2월 26일 글쓴이 | 유병윤·김용석 그린이 | 유병윤 교정 | 정난진·한영수 펴낸이 | 정순구 책임편집 | 정윤경
기획편집 | 조수정 조원식 마케팅 | 황주영 출력 | 블루엔 용지 | 한서지업사 인쇄 | 한영문화사 제본 | 한영제책사
펴낸곳 | (주)역사비평사 출판등록 | 제300-2007-139호(2007. 9. 20) 주소 | 경기도 고양시 덕양구 화중로 100, 506호(화정동 비젼타워21)
전화 | 02) 741-6123 팩스 | 02) 741-6126 메일 | yukbi88@naver.com 홈페이지 | www.yukbi.com
ISBN | 978-89-7696-443-4 07910 [978-89-7696-441-0 07910 (세트)]
값 18,000원

※ 책값은 표지 뒷면에 표시되어 있습니다. 잘못 만들어진 책은 구입하신 서점에서 바꾸어 드립니다.